Psicanalisar

Coleção Debates
Dirigida por J. Guinsburg

Equipe de realização — Tradução: Durval Checchinato e Sérgio Joaquim de Almeida; Revisão: Jorge Vasconcellos e Lucilene Coelho Milhomens; Produção: Plínio Martins Filho.

serge leclaire
PSICANALISAR

EDITORA PERSPECTIVA

Título do original em francês:

Psychanalyser

Éditions du Seuil, 1968

2.ª edição — setembro 1986

Direitos em língua portuguesa reservados à
EDITORA PERSPECTIVA S. A.
Av. Brigadeiro Luís Antônio, 3025
01401 São Paulo Brasil
Telefone: 288-8388
1977

SUMÁRIO

1. O Ouvido com que Convém Ouvir 7
2. O Desejo Inconsciente. Com Freud, Ler Freud 25
3. Tomar o Corpo ao Pé da Letra ou como Falar do Corpo? 47
4. O Corpo da Letra ou o Enredo do Desejo da Letra 65
5. O Sonho do Unicórnio 81
6. O Inconsciente ou a Ordem da Letra 99
7. O Recalque e a Fixação ou a Articulação do Gozo e da Letra 122
8. Psicanalisar. Nota sobre a Transferência e a Castração 141

1. O OUVIDO COM QUE CONVÉM OUVIR

Certo dia um paciente, estendendo-se sobre o divã, relata a seguinte fantasia: um ladrão de comédia, exageradamente mascarado, com luvas pretas e chapéu de abas largas caindo sobre os olhos, quebra a vitrina de uma galeria de pinturas e se apodera de um quadro que representa a própria cena que se está desenrolando: um ladrão, vestido de preto, quebrando a vitrina de uma galeria de pinturas, antes de se precipitar para dentro de um "carro preto" que arranca à toda, segundo a melhor tradição dos filmes do gênero. Diante desta cena, o narrador, que se imagina num ângulo dela, finge indiferença e, com gesto lento, tira um cigarro de um maço vermelho e branco, da marca Craven "A".

Aproveitando o silêncio que se estabelece por um momento, antes que o paciente comente sua fantasia, instalemo-nos ao lado da poltrona, dentro do segredo das reflexões do psicanalista. Imediatamente, ele reconhece, sem poder se defender de um ligeiro mal-estar devido a um sentimento de familiaridade, uma fantasia tipicamente obsessiva. Novamente isso não vem senão confirmar o seu ponto de vista a respeito do diagnóstico desse paciente. Nosso psicanalista se põe a cogitar sobre as variantes dessa fantasia que já pôde ouvir: a interrogação perplexa, divertida ou fascinante, em última instância angustiante, sobre as etiquetas da "Vache qui rit" *: elas trazem a representação de uma vaca ostentando como brincos duas caixas, naturalmente com a mesma etiqueta, no interior da qual figura a mesma representação redobrada... e assim por diante, até o infinito. É também o caso, pensa nosso analista — nessa hora atormentado pelo apetite — da repetição das inumeráveis facetas da etiqueta dos vinhos Nicolas em que "Néctar", o entregador, tem nas mãos dois leques de garrafas, cada uma ostentando o mesmo rótulo. No fundo — o psicanalista tem consciência disso — esta fantasia se fundamenta em uma situação real, causadora de sua estrutura: a situação de um sujeito colocado entre dois espelhos quase paralelos. De cada lado, a imagem se reproduz verso e anverso em série indefinida. Mas, para o analista, fica fora de cogitação deixar-se ilaquear por essas ciladas obsessivas: importa que ouça o que tende a ser dito dessa maneira. A representação do jogo de espelhos evoca-lhe o problema da identificação e o reporta ao trabalho *princeps* de J. Lacan sobre "Le Stude du miroir comme formateur de la fonction du Je" [1].

Nesse caso, que fazer com as lembranças que lhe restam desse texto notável? E depois, por que se deixaria fascinar por esta evocação dos possíveis jogos de espelho? Nesse curto intervalo o psicanalista se sente deslizar pelo fio equiflutuante de sua atenção. Reage. Em escutando a narração de seu paciente deve estar atento ao desejo — inconsciente — que está sendo enunciado. Essa a posição que assumiu ao se tornar

---
* «Vache qui rit» é a marca de um queijo francês muito popular, literalmente, «A vaca que ri» (N. dos T.).

1. J. Lacan, «Le stade du miroir comme formateur de la fonction du Je, telle qu'elle nous est révelée dans l'expérience psychanalitique», *Écrits*, Senil, 1966, pp. 93-100.

psicanalista: ouvir outra coisa além do simples significado das palavras que estão sendo pronunciadas e pôr em evidência a ordem libidinal que manifestam. Aliás, a própria forma do discurso que o paciente acaba de adotar — uma fantasia — deveria naturalmente incitá-lo a isso e ser ao menos um sinal de que o seu interlocutor se conforma com as regras do jogo analítico: dizer tudo o que lhe vem à mente sem restrição voluntária. Assim, nesse dia, o próprio fato de o paciente — em vez de arrolar uma vez mais o encadeamento inexoravelmente lógico de seus aborrecimentos — relatar uma fantasia onírica dá provas de certa aquiescência ao *parti pris* de seu interlocutor. O psicanalista deveria alegrar-se com isso; não o faz, porém, porque pressente deveras o quanto essa fantasia esconde intenções sedutoras a seu respeito; é quase como se o paciente lhe dissesse: "Ah! eis aí uma história que lhe vai interessar, é de sua especialidade". E diante dessa forma de conivência, o psicanalista se põe a sentir o paciente menos astuto ou menos informado que diz muito singelamente, antes mesmo que seu interlocutor abra a boca: — "Olha aqui, Doutor, eu não acredito em suas histórias".

Mas, eis que nosso psicanalista, neste curto silêncio, apenas o tempo de um pensamento, se deixa ainda levar pelos problemas de especialista: recobra-se novamente, mais sóbrio, mais preciso. Reflete consigo mesmo: "Claro, estou à escuta do desejo dele e não ouço tão mal, pois acabo de perceber uma intenção sedutora. Se ele tenta me seduzir, é, sem dúvida, para me 'possuir', aproveitar-se de mim ou, melhor ainda, me neutralizar porque teme o que eu poderia fazer ou dizer. Encontro-me de novo em terreno seguro, conhecido: o medo sentido é certamente o medo da castração, que aflora como resposta a certos desejos edipianos. É natural. Meu paciente sabe — não muito claramente — que estou precisamente à escuta de seus desejos e, por pouco, pensaria que minha função seria a de suscitá-los, passando eu, agora, a sedutor".

No divã, um instante de paz: nosso psicanalista reencontrou as duas referências mais importantes que o ajudam a sustentar o seu *parti pris* em todas as circunstâncias: Édipo e a castração.

Mas a euforia dura pouco. Desta vez, o silêncio

se prolonga e quase como o intervalo de um segundo sonho. É isto que o psicanalista, falando afinal alguma coisa, escande através de um "sim" evasivo, mais interrogador que aprobatório. De imediato, o paciente não tem nenhuma resposta. Isso propicia a seu interlocutor pouco tagarela o passatempo de prosseguir na via das interrogações sobre a prática que está exercendo. Nesse instante, nada mais resta a dizer senão esse sim de expectativa, já que seria prematuro, e sobretudo arriscado, denunciar a intenção sedutora do paciente — se bem que nosso analista pense nela — uma vez que, em boa prática se recomenda precisamente intervir, de preferência, "no nível da transferência", isto é, justamente no nível daquilo que se apresenta como sendo efetivamente desejo dentro do quadro da sessão. É então que tudo se passa como se o psicanalista tivesse pensado em voz alta e o paciente lhe respondesse como homem versado nos rudimentos da teoria e da prática analíticas, como são hoje quase todos os que se submetem a uma análise.

Pondo fim a um silêncio que não durou senão dois minutos, o analisando retoma a palavra para contar com certa amargura que esse sonho se refere, sem dúvida, à longa visita que fizera recentemente à casa Iolas, uma galeria de pinturas. Lá havia admirado de modo particular um quadro de Magritte, sonhando adquiri-lo. Infelizmente o preço que lhe custa o tratamento exclui por uns tempos toda compra desse gênero. Eis aí um constrangimento que o poderia encolerizar violentamente, sobretudo se começasse a pensar que o analista, sim, poderia adquirir um quadro desse tipo justamente com os honorários que lhe são pagos. Aliás, logo acrescenta, não lhe faltou, enquanto aguardava na sala de espera, oportunidade de imaginar que poderia levar uma revista de arte ou roubar uma das estatuetas expostas numa estante ou, ainda, com o maior prazer do mundo, quebrar um vaso que existe lá. Depois, ele prossegue em silêncio suas evocações violentas.

Com isso o nosso analista está perfeitamente satisfeito: com suas associações, o paciente oferece não apenas a atualidade dessa dimensão transferencial [2]

---

2. A *transferência* designa, no uso psicanalítico comum, o emprego, no quadro da relação instaurada pela cura de movimentos afetivos que seriam a repetição dos protótipos infantis transladados para a pessoa do psicanalista. No Cap. 8, faremos certos ajustes e complementações sobre esta concepção simplista.

demonstrando as emoções que sente dentro do quadro do tratamento e com respeito ao analista, mas ainda sua narração ilustra ou confirma a propriedade de uma seqüência muito conhecida dos especialistas: frustração, agressão, regressão [3]. De fato, o analista reconhece o que lhe foi ensinado da maneira mais acadêmica: a situação analítica não deve de modo algum responder aos pedidos do paciente... por isso, é necessariamente sentida por ele como "frustrante" [4] e como tal deve suscitar as reações agressivas do paciente. Colocado em nome do protocolo do tratamento na impossibilidade de satisfazer suas (im)pulsões, não pode senão "regredir" a modos de reações mais arcaicos.

Claro que o analista não poderia explicar essa seqüência acadêmica ao paciente. Mas, ele não pode deixar de reconhecer aí um encadeamento conhecido. Se for ainda um pouco novato ou ingênuo, chegará a sentir nisso certa satisfação enquanto essa referência a uma sucessão já descrita pelos autores clássicos lhe causa a sensação de ter feito a contento o que devia fazer. Mas, preocupado como estava, um momento antes, em "interpretar na transferência", não vai deixar de aproveitar a ocasião; e é preciso dizer que tudo o leva a isso. Com efeito, ele não se esqueceu desses relatos em que o paciente se descrevia como criança, violentamente irritada por não encontrar nos pertences de seu pai uma chave com que pudesse abrir a gaveta da escrivaninha onde sabia estar escondido um revólver. Do mesmo modo, em idêntica série de evocações, via-se deliciando no manejo de um isqueiro que tirava de uma secretária mais facilmente acessível. Além disso, nosso analista soube compreender de passagem o que o nome da galeria — Iolas — tinha de singular: é o anagrama de Laios; eis aí algo que não deixa mais

---

3. Esta fórmula híbrida, provinda do campo da psicologia experimental, encontra seu lugar numa perspectiva que define a psicanálise como um método destinado a induzir uma «regressão infantil» no paciente. Vejam a esse respeito I. Macalpine, The Development of the Transference, em *The Psychoanalytic Quarterly*, 1950, v. XIX, nº 4, p. 501. Encontra-se outrossim nos trabalhos da escola kleiniana, a descrição de uma seqüência análoga: «...A regressão não é senão o fracasso da libido diante das pulsões de destruição e da angústia provocada pela frustração». P. Heimann e S. Isaacs, «Regression», em *Developments in Psycho-analysis*, Hogarth Press, 1952.

4. A acepção comum do termo «frustração» retém apenas a idéia de uma privação do objeto da satisfação. O termo alemão *Versagung*, traduzido por «frustração», implica, bem mais que o vocábulo francês (e português), a idéia de uma falha em uma relação altamente simbolizada: vai da promessa à recusa.

dúvida sobre as intenções assassinas do Édipo em potência (ou em latência) que o paciente é (como todo paciente) e que, precisamente nesse contexto, apenas vem acrescentar o enigma desta inversão de "Io" e de "la".

Portanto, "na transferência", surge a ocasião para fazer aparecer o caráter sempre atual dos sentimentos de rivalidade violenta para com o pai, a respeito da posse de um objeto simbólico, tão real e tocável quanto imaginário e infinitamente misterioso. Contudo, tomando cuidado para não sugestionar seu interlocutor e, portanto, para não falar demais (tanto menos quanto mais coisas pensa) nosso analista se restringe a uma intervenção das mais clássicas, dentro do limite mínimo da interpretação propriamente dita: "É preciso notar que o Sr. acaba de exprimir — e de calar — sentimentos violentos a meu respeito, a propósito de objetos que cobiça... sentimentos que evocam a raiva impotente que manifestava quando seu pai ou, certa vez, a escrivaninha dele resistiam aos seus desejos". E, insinuando, acrescenta: "tratava-se de pegar o quê?"

Eis aí uma intervenção justa e conforme as regras mais acadêmicas, mas que é apenas interpretativa, salvo por seus subentendidos. De fato, o analista mostrou-se muito tímido e não demorará a constatar o efeito de suas palavras. Certamente, os sentimentos "agressivos" de seu paciente encontram nelas um encorajamento para se manifestarem, mas não exatamente como seria de desejar. A ocasião é propícia para deixar na sombra o verdadeiro objeto desses sentimentos, expressando-se de maneira irônica, largamente alimentada pela substância dessa intervenção.

"Assim, pois — diz ele substancialmente ao seu interlocutor, fingindo-se surpreso — eu teria realmente experimentado sentimentos hostis para com meu pai, a me impedir a posse de algo seu. Tenho a intuição de que esse objeto é não somente o revólver dele, porque não dizer, seu pênis, mas antes de tudo, a mulher dele, minha mãe; donde dever-se-ia inferir que desejei possuir minha mãe. Que descoberta!... Ridículo!..." É evidente que antes de começar a análise, o paciente sabia — como todo mundo sabe hoje em dia — ter vivido uma situação edipiana; assim o que lhe diz o analista é tão verdadeiro quanto ridículo e se mantém apenas pela idéia do privilégio de um presente que deveria ser marcado pelo acento colocado pela intervenção sobre o caráter atual, transferencial, das emoções agressivas. Mas, nesta circunstância, é evidente também que o paciente tem o sentimento legítimo de ver sua narração passar sob uma espécie de crivo de pré-compreensão: tudo o que pode vir-lhe à tona se encaixará necessariamente, para se organizar, em alguns estereótipos — na verdade pouco numerosos — segundo o modelo do Édipo ou da castração. Além disso, sob o impulso inicial de sua ironia agressiva, não deixa de exagerar para confundir seu interlocutor. Em sua fantasia onírica, acentua o elemento "quadro", enquanto quadro representa em segundo plano a cena do sonho, do qual ele constitui ao mesmo tempo o ponto de enfoque; apraz-lhe, então, imaginar o que Michel Foucault, em posição de analista, teria podido fazer com essa "representação da representação" no tempo em que escrevia "Les Suivantes" [5].

Deixando-se levar um momento pelo respeito do bem conhecido princípio de que são sempre os pacientes que não têm razão, nosso analista apenas quer ver nessas últimas palavras uma manifestação de resistência do paciente ao impacto de alguma verdade que vivamente tocaria seu inconsciente. Entretanto, de qualquer forma, quer o analista persista em pensar que tocou no ponto certo, quer reconheça não ter acertado o ponto vital do que estava em jogo, cabe a ele elucidar a natureza desse ponto sensível, uma vez que não poderia ser a "agressividade", a "rivalidade" nem o "medo da castração" em seu valor geral de verdade. Para o psicanalista, uma vez passado o movimento de humor que é tido como não experimentado, é sempre melhor voltar ao que o paciente narrou. Ora, acontece justamente que o psicanalisando, mesmo com sua veia irônica, evocando Michel Foucault como analista, acentua um termo do sonho, o quadro. Tudo convida, pois, a interrogar esse ponto focal. Até agora o paciente o evocou apenas através de seu autor, Magritte e, imprecisamente, por seu tema, o corpo de mulher. "Então,

---

5. M. Foucav't, *Les Mots et les Choses*, Gallimard, 1966, Cap. 1: «Talvez haja neste quadro de Velásquez como que a representação da representação clássica e a definição do espaço que ela abre» (p. 31).

pondera o analista com um tom interrogativo, que acha deste quadro?"

Trata-se de uma mulher construída de pedras reunidas, como um monumento. Sobre seu corpo, um recorte em forma de pássaro planando, imóvel, quadro que se abre para o mar. Espantosa composição, oferecendo-se a infinitas interpretações possíveis, todas convergentes, fascinadas por esta fuga para o mar. Mas, essa composição surpreende ainda mais quando se percebe que não é obra de Magritte e sim elaboração do paciente, reordenando a seu modo temas familiares do pintor: a mulher ele a tira, talvez, da estátua das *Fleurs du mal* ou daquele tronco de pedra de Vênus, na praia, intitulado *Quand l'heure sonnera*; as pedras reunidas encontram-se, maciças, na parede do cárcere (onde se estampa uma mesa coberta com uma toalha branca) da *Aimable vérité*; quanto ao pássaro é a representação fiel e inversa do *Idole*, pássaro petrificado planando sobre a água e sobre a margem pedregosa [6].

Com esta janela que dá para o mar, recortada numa mulher-monumento ou prisão, a análise se abre para a dimensão de sua verdade singular. Agora, é preciso segui-la pelos meandros inesperados de seus desvios. A quebra da vidraça no sonho não deixa de lembrar ao paciente uma queda através dos caixilhos de uma estufa e a ferida profunda que o marcou. Mas desta vez nosso analista não se apressa em trancar seu entendimento do discurso recorrendo ao termo de castração; sabiamente ele o deixa prosseguir. Essa ruptura recíproca da superfície vítrea e do corpo ao mesmo tempo, explica de modo ativo o corte aberto na parede, aberto na parede de pedra da prisão-corpo-de-mulher. Então, surge a evocação das composições da arquitetura, massas, volumes e aberturas: essas janelas dos quadros de Magritte reavivam a lembrança de uma fotografia de viagem, em que aparecem, claramente desenhados, os entalhes regulares no bloco calmo e quadrado do campanário da igreja de Cravant [7].

Escutando, agora, mais livre de preconceitos, o

6. «Sempre pensei que os quadros de Magritte não se deixam descrever», escreve Louis Scutenaire no catálogo da exposição visitada pelo paciente. Perdoem-nos essas tentativas de evocação de alguns quadros; elas não poderiam dispensar o leitor curioso de consultar ao menos as representações deles.

7. Pequena localidade de Auxerrois, situada ao lado do Yonne... e da antiga estrada de Paris a Lyon, onde se pode notar uma igreja da época da Renascença.

analista não se deixa levar pelo fascínio das evoluções da *ouverture* e pode ouvir literalmente o nome Cravant como "reprise" afrancesada — ou obtemperando ao "A" — do Craven "A" do sonho. Não sem "razão", aliás. De fato, sucessivas vezes, para explicar o cômico do efeito produzido pela cena redobrada do quadro do sonho, o paciente havia repetido que era *crevant* (fatigante), para logo encadear outras situações *crevantes* de estrutura análoga, em que o termo inconsciente se revela inesperadamente provocando riso [8], beirando a angústia. Aqui, para a interpretação — que não deve ser retardada — duas palavras bastam: *à crever* (para arrebentar), lançadas como eco, que vão tocar no ponto mais vital do paciente, revelando, num instante, o mais secreto de sua intenção inconsciente de furar, *crever* *, o corpo materno. Sob essa capa, a generalidade do movimento agressivo, já notado em sua relativa indiferença, acha-se bruscamente especificado da maneira mais singular como intenção de arrombamento violento e até destruidor do espaço ordenado ao redor do inacessível tesouro que aparenta esconder [9].

Hoje, já não causa mais espécie o caráter extraordinário de uma situação em que o interlocutor de referência parece ter como único cuidado o de nunca se manifestar onde é esperado. Desde o início, o psicanalista se furta à vista de seu paciente e este o considera como interessado na sutil história edipiana que lhe está narrando. Seu interlocutor reterá apenas os tropeços da língua. Inversamente, o psicanalisando "dá de presente" a seu ouvinte um "precioso" lapso. O psicanalista terá ouvidos somente para a seqüência que o tropeço escande. Chega ao ponto em que, finalmente, a arte do analista parece consistir em nada esperar. Isso leva, hoje, inúmeros pacientes a retorquir, desde o início, que também eles não esperam nada! Imagine-se

---

8. «Muitos de meus neuropatas, no curso do tratamento psicanalítico, com certa regularidade testemunham pelo seu riso que a análise conseguiu revelar, com exatidão, à consciência deles o inconsciente até então escondido. Riem mesmo quando os dados do inconsciente assim revelado não se prestam a risadas.» S. Freud, *Le mot d'esprit et ses rapports avec l'inconscient*, Gallimard, «Idées», p. 261, nota; *Gesammelte Werke = G.W.*, VI, 194.

* O verbo «crever» tem duplo sentido: significa tanto «fatigar» como «furar». Daí, o jogo de palavras na interpretação do analista (N. dos T.).

9. «Fálus», certamente, mas entenda-se sobretudo este termo como designativo do limite do interdito, como veremos com mais detalhes mais tarde, no Cap. 7. Trivialmente, é a impossível resposta à questão «De onde vêm as crianças?»

a dificuldade especial que representa esta sutil cumplicidade no jogo de esconde-esconde.

Mas, que visa essa maneira de esquiva sistemática diante de todas as ciladas da narração que o paciente profere?

Eis aí uma questão que não poderíamos evitar e todo nosso trabalho se desenvolverá no sentido de compreender a ordem da verdade solicitada a se manifestar na situação psicanalítica.

Psicanalisar, acabamos de ver, é uma prática deveras incômoda. Basta confiarmos naquilo que acreditamos saber da estrutura psíquica ou da técnica de tratamento, para ver logo que essas referências se revelam inoperantes na prática pelo simples fato, por exemplo, de o paciente participar mais ou menos desse pretenso saber. Se não se toma cuidado com a importância desta referência comum — implícita ao saber — a psicanálise se instala, bem depressa, no desconhecimento do fato dessa cumplicidade teórica, atingindo os efeitos mais radicalmente obstrutivos, para não dizer alienantes. Imagine-se, apenas, o qüiproquó burlesco do paciente e do analista, cada qual se referindo à noção figurada de resistência: um para subentender que é incessantemente estorvado em seu dizer pela inevitável resistência; outro para fingir descobrir que o discurso (ou o silêncio) de seu interlocutor é (são) apenas resistência a outras confissões a menos que, mais esperto e não menos obstinado, denuncie como resistência a confissão de um sentimento de resistência. Entretanto, é bem certo que nem por isso se poderia recusar a propriedade dessas referências técnicas, a saber, a resistência ou a transferência, do mesmo modo que não se poderia contestar o recurso necessário às estruturas fundamentais do Édipo e da castração.

Inversamente, ao se deixar guiar pelo relâmpago da intuição, percebe-se bem depressa, conservando um mínimo de lucidez, que a pretensa intuição não passa muitas vezes da projeção de um elemento privilegiado do saber ou da fantasia inconsciente do analista. Assim, quando nosso psicanalista insiste em sublinhar que o corte do quadro representa a abertura ou a moldura da fantasia, finge esquecer, naquele momento, que é justamente através dos quadros de Magritte [10] que, certa feita J. Lacan ilustrou a estrutura da fantasia [11] e, então, é através da intuição que utiliza essa sábia reminiscência. Em nível de crítica mais radical ainda, deve-se dizer que nada pode garantir de maneira absoluta (para nos prendermos ao texto do exemplo) que o privilégio reconhecido ao *crevant* do discurso do paciente não se deva ao fato de aí se tratar de um termo particularmente carregado de fantasias inconscientes do analista. Nada o garante, a não ser, em certa medida, a psicanálise que o clínico experimentou antes de ter acesso à poltrona.

Nas análises, cuja relação Freud nos deixou, encontramos sinais dessas profundas dificuldades inerentes à prática da psicanálise. Assim, na análise de Dora, Freud reconhecia, numa nota de 1923 — portanto mais de vinte anos depois do tratamento —, que não compreendera o que sua paciente dizia do amor homossexual que nutria pela Senhora K: "Quanto mais me afasto, escreve ele [12], no tempo em que terminei essa análise, mais me parece que meu erro técnico consistiu na seguinte omissão: deixei de adivinhar em tempo e de comunicar à doente que seu amor homossexual pela Senhora K. era sua tendência psíquica inconsciente mais forte... Antes de eu reconhecer a importância das tendências homossexuais nos neuróticos, fracassava muitas vezes nos tratamentos ou, então, caía numa confusão completa". Sem dúvida, essas dificuldades do tratamento se resumem no fato, como escreve Freud, de não ter ele ainda "reconhecido a importância das tendências homossexuais nos neuróticos". Podemos dizer também, para completar, que estando nessa época mais preocupado em experimentar, na transferência, a verdade e a universalidade do amor incestuoso da filha para com o pai [13], Freud não "reconheceu" as tendências homossexuais ou, melhor, não lhes deu toda a atenção desejável.

10. Quadros do tipo de: *La Lunette d'approche, La Condition humaine, La Clé des champs* em que uma janela, aberta ou fechada, se inscreve no quadro.
11. Communication à la Société française de Psychanalyse, *Journée sur le fantasme*, 21 out. 1962, inédito.
12. S. Freud, *Cinq Psychanalyses*, P.U.F. (1954) 90; *G.W.*, V, 284.
13. «No início, parecia claramente que eu substituía em sua imaginação o seu pai», *ibid.*, P.U.F., 88; *G.W.*, V, 282.

A influência de uma preocupação teórica sobre o desenrolar do tratamento é igualmente perceptível na história do "Homem dos Lobos". A partir da introdução, encontramos uma confissão sob forma de negação: "Os leitores, escreve Freud, podem estar seguros de que o curso da análise não foi influenciado por minha própria expectativa". Ora, o leitor avisado percebe de imediato que todo material relativo à cena primitiva [14], — cerne da observação — foi "obtido sob a implacável pressão" [15] de uma data fixada por Freud. Ora, isso manifesta que o analista espera que alguma coisa lhe seja dada. No contexto desse tratamento, evidencia-se que a expectativa de Freud pode ser apontada de maneira precisa: ele deseja obter de seu paciente uma prova suplementar e, desta vez, peremptória, da existência de um núcleo de realidade ao redor do qual se ordenará a neurose [16]. Ora, parece bem certo que a narração, ou a reconstrução da cena original do paciente responde exatamente à expectativa de Freud.

Nesta mesma análise do "Homem dos Lobos", encontra-se um exemplo bem convincente da maneira como as representações marcantes do inconsciente do analista podem interferir no conduzir do tratamento. Pouco tempo antes do término fixado para o tratamento, o paciente retoma, com Freud, a lembrança da infância, permanecida enigmática. Relembra o grande medo de que foi tomado no dia em que uma bela borboleta, de raias amarelas, perseguida por ele, pousara tranqüilamente sobre uma flor. Por ora não relataremos a análise dessa lembrança, mas somente uma das idéias que se apresentou a Freud para tentar introduzir uma interpretação: "Eu não escondo que emiti a seguinte hipótese: as raias amarelas da borboleta me teriam relembrado as listas análogas duma roupa trajada por uma mulher" [17].

14. A «cena primitiva» (*Urszene*) designa a representação de uma relação sexual dos pais do sujeito, seja ela resultado de observações diretas ou de elaborações fantasiosas.

15. S. Freud, *Cinq Psychanalyses*, P.U.F., 328; *G.W.*, XII, 34.

16. No debate que o opõe a Adler, mas sobretudo a Jung, sobre a concepção geral da neurose, Freud se empenha em demonstrar de maneira irrefutável o caráter determinante das impressões da infância em sua realidade contingente. «O objeto do debate, escreve ele (P.U.F., 364; *G.W.*, XII, 83), consiste na importância que deve ser dada ao fator infantil». O caso do «Homem dos Lobos» lhe possibilita demonstrar a importância inegável do fator infantil: «Eis por que escolhi justamente esse caso para relatar» (*ibid*).

17. S. Freud, *Cinq Psychanalyses*, P.U.F., 393; *G.W.*, XII, 123.

Vale lembrar que se essa sugestão repercutiu pouco sobre o paciente, é interessante assinalar o que um vestido (listado de) amarelo representa para Freud. Ele o testemunha em *Sur les souvenirs écrans* [18], cujo argumento central é constituído por um fragmento autobiográfico [19]. A veste amarela — de um amarelo um tanto escuro, especifica ele — é aquela que vestia sua amiga de infância, Gisela Fluss, quando a reviu com a idade de dezessete anos e por ela nutriu paixão profunda, embora secreta: "Lembro-me bem de que, muito tempo após, cada vez que eu via essa cor, pensava com emoção na cor amarela de sua veste, quando de nosso primeiro encontro".

Esses fragmentos fiéis do que vem a ser a prática do tratamento demonstram que, na realidade, as regras da escuta analítica são impossíveis de ser observadas. Em seus "Conseils aux médecins", Freud escreve: "...Não devemos dar especial importância a nada do que escutamos e convém que prestemos a tudo a mesma atenção "equiflutuante", segundo a expressão que adotei. Com isso, economiza-se o esforço de atenção... e, ao mesmo tempo, fica-se livre do perigo inseparável de toda atenção forçada: o de escolher entre os materiais fornecidos. Realmente isso acontece quando se fixa de propósito a atenção: o analista grava na mente determinado ponto que o toca, elimina outro. Ora, essa escolha é ditada por expectativas ou tendências, devendo, portanto, ser evitada. Conformando a escolha à expectativa, o risco corrido é o de nada encontrar além do que de antemão se sabia. Obedecendo às suas próprias inclinações, o clínico distorce tudo que lhe é apresentado. Não nos esqueçamos de que o significado das coisas ouvidas é revelado, muitas vezes, somente mais tarde".

"A obrigação de nada distinguir de modo particular no correr das sessões tem, em contrapartida, a regra imposta ao analisando de nada omitir de tudo que lhe ocorre à mente, renunciando a toda crítica e a

18. S. Freud, *Über Deckerrinerungen (Sur les souvenirs écrans)*, G.W., I, 531-554.
19. Foi S. Bernfeld quem mostrou que o exemplo dado por Freud é um fragmento autobiográfico: «*An unknown autobiographical fragment by Freud, American Imago*», 4, n. 1-3-19 (reeditado em *Yearbook Psychoanal.*, 1947, 3-15-29).

qualquer escolha. Comportando-se de outra maneira, o médico anula a maior parte das vantagens que lhe proporciona a obediência do paciente à 'regra fundamental da psicanálise'. Eis como deve ser enunciada a regra imposta ao médico: evitar qualquer influência sobre a faculdade de observação e entregar-se plenamente à 'memória inconsciente'. Para usar uma linguagem técnica simples, 'escutar sem a preocupação de saber se vai ou não reter alguma coisa' " [20].

Dessa forma, nesse estado de atenção equiflutuante o psicanalista deve acolher, sem nada privilegiar, tudo o que o paciente — convidado a deixar que tudo emerja indiscriminadamente — diz no correr da sessão. É a situação paradoxal que evoca facilmente uma dessas doidas aventuras em que o navegador, cego e sem bússola, convida o passageiro a se deixar levar pelo vento. Tal posição evidencia-se insustentável. Freud, antes de qualquer outro já estava ciente disso. Quem poderia, de verdade, pretender desfazer-se de todos os preconceitos, renunciar a todos os privilégios íntimos que constituem a ordem de seu mundo, sua maneira toda própria de ver, de sentir, de amar, de compreender? Ante tal pretensão, o psicanalista, severo, evoca, na pior das hipóteses, o mundo do esquizofrênico onde toda a ordem possível se esvai; na melhor delas, o mundo do obsessivo preocupado a todo instante em fingir que contesta a ordem estabelecida, para dar-se a si mesmo a ilusão de estar livre dela. Sem dúvida, não é só o psiquiatra que é capaz de apontar o impossível e o absurdo daquilo que comumente se rotula como neutralidade do analista. Enfim, seria fácil denunciar o caráter sistemático e também ilusório de uma posição que pretendesse ser totalmente não-crítica. Aliás, basta ter um pouco de prática para saber que há pacientes que não se fazem de rogados para usar sistematicamente o princípio não crítico da regra de livre associação com a única finalidade de nada ter que dizer. Igualmente, poder-se-ia imaginar não ser impossível surgir psicanalistas que — tomando ao pé da letra a regra da livre escuta — considerassem obrigação nunca ouvir nada.

Na realidade, esta neutralidade do analista tem por meta apenas descrever certa posição afetiva ou libidinal.

---

[20]. S. Freud, «Conseils aux médecins», em *De la technique psychanalytique*, P.U.F., 62-63; *G.W.*, VIII, 377-378.

Afinal cada um sabe — por pouco que tenha experimentado um psicanalista — que o freudiano se apresenta comumente como o oposto do sábio desprovido de preconceitos. Poder-se-ia mesmo dizer que, em se tornando analista, aceitou nova gama de preconceitos e se apresenta, muitas vezes, como um homem que já tomou posição. Isso o leva a nunca querer ouvir nenhuma das boas razões com que seu interlocutor fundamenta o que diz, e demonstra praticar o jogo da esquiva, com espírito notadamente sistemático. Assim, caso aconteça que você chegue à casa dele na hora marcada, adiantado ou com atraso, e que tente responder suas interrogações subentendidas, dizendo que foi "simplesmente" por educação, prudência ou por algum acidente, ele não deixará de pensar, intimamente, quiçá em voz alta, que você é um obsessivo se tiver sido pontual; um angustiado, se tiver chegado antes; um agressivo disfarçado, se estiver atrasado por causa de algum defeito no sistema do metrô. Em resumo, o psicanalista nunca estará no lugar onde esperamos encontrá-lo. Assim como na disposição do tratamento ele evita as ciladas frente a frente, parece teimar em nunca dar uma resposta onde se tenha colocado uma pergunta. Correlativamente, todos sabemos que existe ao menos um lugar onde temos quase certeza de encontrar o psicanalista: na encruzilhada onde se situa o fálus faltante (*phallus manquant*) [21] * no nível onde todo discurso pode ser interpretado em termos de valor sexual. Convenhamos que isso é um preconceito de primeira importância.

O sexo é deveras a pedra angular da psicanálise — ninguém o negaria. Denunciado por detratores, elogiado — como se fosse preciso — por pessoas zelosas, reconhecido, enfim aceito e em última análise fundamentalmente desconhecido, o sexo permanece em seu irredutível esplendor como a ordem de referência do psicanalista. Aliás, como poderia ele, fora de toda lei, realizar no próprio instante ou logo depois, segundo recomenda Freud, essa articulação dos elementos recolhidos no

---

21. Este tema será desenvolvido, principalmente nos Caps. 6 e 7.

* *Phallus manquant:* primeiro preferimos a grafia «fálus» a falo já que fálus é mais expletivo e sem homólogo, segundo propomos o neologismo «falante», que poderá ser tão vernáculo como seus similares. Ex.: objetos cortantes, injustiças gritantes etc. (N. dos T.).

correr das sessões?²² É bem claro que esta reconstrução — interpretação só pode ser feita em função de certa lógica. Anunciá-la ou denunciá-la como libidinal ou sexual não é de maneira alguma suficiente para desacreditá-la como nem tampouco poderia servir de prova para creditá-la.

Percebe-se, pois, a dupla exigência que se impõe ao psicanalista. De um lado, é necessário que disponha de um sistema de referência, de uma teoria que lhe garanta a organização do volume do material que recolhe sem prévia discriminação. De outro lado, deve recusar precisamente todo sistema de referência na medida em que a adesão a um conjunto teórico o leva necessariamente, quer queira quer não, a tratar de modo privilegiado certos elementos. Pode-se perguntar se a referência — central para a psicanálise — ao fato do sexo é suficiente para garantir o respeito por essa dupla exigência e, caso a resposta seja afirmativa, é necessário que se possa dizer por quê.

Com isso, está colocada uma questão da qual ninguém poderia fugir: *Como conceber uma teoria da psicanálise que não anule, pelo fato mesmo de sua articulação, a possibilidade de seu exercício?*. Trata-se — como acabamos de ver — de manter firmemente para o analista a urgência de renunciar a todos seus preconceitos, "de eliminar de modo radical as convicções preexistentes"²³ para que a abertura de sua escuta seja absoluta. Por outro lado, trata-se de ficar firmemente preso não a qualquer privilégio de origem obscura, mas ao próprio princípio de uma lógica aberta — como se verá depois —, uma lógica que leve em consideração o fato do sexo e do gozo.

Já podemos discernir nas entrelinhas o que constitui não só a necessidade como a dificuldade de uma verdadeira teoria da psicanálise. Tal teoria se faz necessária na medida em que não se poderia deixar a

---

22. «Entre os materiais disponíveis o médico vai se servir dos elementos suscetíveis de serem evocados e dos quais poderá conscientemente dispor. Outros elementos, não fazendo ainda parte de nenhuma conexão e permanecendo caóticos, desordenados, surgem sem esforço na memória após terem parecido desaparecer, desde que o paciente forneça novos dados que possibilitem estabelecer correlações e graças às quais eles podem se desenvolver» (em «Conseils aux médecins», cf. a nota 20, Cap. 1).

23. S. Freud, «Extrait de l'Histoire d'une névrose infantile», em *Cinq Psychanalyses*, P.U.F., 329; *G.W.*, XII, 35.

psicanálise se exercer sob o signo exclusivo da intuição (ou do "faro", como dizem os clínicos). Caso contrário, corre-se o risco de ver a análise se enveredar por uma espécie de "fantasmatização" a dois que a excluiria automaticamente de toda ordem possível, como de toda análise em sua implicação formal. Imaginemos o que teria acontecido se Freud, menos objetivamente científico e clarividente a propósito das origens de sua intuição (intuição de que aliás afirmava desconfiar) [24], tivesse insistido na hipótese do vestido de listas amarelas. Caso isso tivesse acontecido, não há dúvida de que um paciente aparentemente tão dócil como o "Homem dos Lobos" acabaria por encontrar em sua memória uma lembrança, verdadeira ou falsa, satisfazendo seu interlocutor e, cúmulo do paradoxo, isso teria provavelmente bastado para impelir a análise por um desses atalhos sem saída que voluntariamente costuma percorrer.

Em contrapartida é difícil de estabelecer essa teoria. A psicanálise não poderia de modo algum se acomodar a uma formalização fechada (o que visa naturalmente a um esforço comum de teorização), sob pena de excluir, *ipso facto*, de seu campo a possibilidade mesma da análise na busca da singularidade extrema. Desta maneira, é claro que bastaria no caso do paciente da galeria Iolas, uma leve insistência de seu interlocutor na teoria do complexo de castração para convencê-lo da pertinência universal desta dimensão e, ainda, sem dúvida, para dar certo impulso ao tratamento. Mas isso bastaria também para impedir-lhe por algum tempo o acesso à insistência singular e por demais sensível de um elemento muito importante de seu inconsciente, o termo *crever*.

Somente uma teoria verdadeira pode promover uma formalização que mantenha, sem reduzi-lo, o domínio da singularidade. A dificuldade sempre nova da psicanálise, que nenhuma instituição poderá jamais resolver, consiste no fato de se expor, já à degradação de uma sistematização fechada, já à anarquia dos processos intuitivos. A teoria da psicanálise deve manter-se atenta simultaneamente a esses dois escolhos, tanto para evitá-los quanto para por eles se guiar.

24. S. Freud, «Au-delà du principe de plaisir», em *Essais de Psychanalyse*, Payot, 1948, p. 69; G.W., XIII, 64.

O rigor do desejo inconsciente, a lógica do desejo, só se revelam a quem simultaneamente respeita essas duas exigências da ordem e da singularidade, aparentemente contraditórias.

A seguir, tentemos examinar como Freud tratou tais exigências.

2. O DESEJO INCONSCIENTE. COM FREUD, LER FREUD

Freud ensinou que o sonho deve ser decifrado como um enigma. Tentava ilustrar assim o fato básico da distinção muito nítida entre o conteúdo manifesto do sonho, texto literal do enigma, e o conteúdo latente ou pensamentos do sonho: "o conteúdo manifesto do sonho nos aparece como uma tradução dos pensamentos do sonho, graças a outro modo de expressão" [1]. Mas ele esclarece imediatamente, sem no entanto insistir, que este outro modo de expressão de maneira alguma seria suficiente em si e exige ser colocado em referência ou é constituído pela seqüência dos pensamentos dos sonhos: "...Outro modo de expressão, cujos sinais e regras apenas poderemos conhecer quando

1. S. Freud, *L'Interprétation des Rêves*, P.U.F., 1967 (= *I.R.*), 241-242; *G.W.*, II-III, 284.

tivermos comparado a tradução e o original". E Freud continua: "Suponhamos que eu esteja a observar um enigma. Representa uma casa em cujo telhado se vê um bote, depois uma letra isolada, uma pessoa sem cabeça a correr etc. Poderia dizer que nem o conjunto nem suas partes têm sentido. Não se deve encontrar um bote sobre o teto de uma casa e uma pessoa sem cabeça não pode correr. Além do mais, a pessoa é maior que a casa e, admitindo-se que o todo deva representar uma paisagem, não é conveniente introduzir nela letras isoladas que não poderiam aparecer na natureza. Eu saberei julgar de modo exato o enigma apenas quando tiver renunciado a apreciar assim o todo e as partes e me esforçar por substituir cada imagem por uma sílaba ou palavra, que por alguma razão pode ser representada por esta imagem". Freud não deixa de manifestar certa surpresa, ou admiração, quando um paciente tomando sua teoria ao pé da letra lhe propõe uma interpretação imediata do sonho. Assim, quando seu interlocutor traduz como um enigma o sonho "meu tio me abraça num automóvel" [2] por "auto-erotismo", Freud reconhece que não havia pensado nisso.

Todavia, está aqui algo que parece solucionar a questão que havíamos levantado a respeito da definição da regra de escuta: assim como o sonho necessita ser compreendido como um enigma, — conteúdo manifesto devendo conduzir aos pensamentos latentes — o discurso do paciente pode ser considerado como um texto aparente e enganador, a mascarar os verdadeiros pensamentos secretos. Certamente uma visão simples e cômoda! Sua parcimoniosa precisão explica a deferência que comumente se lhe atribui. De fato atualmente ninguém pode dizer que esqueceu seu guarda-chuva ou perdeu seu isqueiro — desenhos habituais de enigmas sexuais — sem provocar imediatamente o sorriso entendido do seu interlocutor, hermeneuta de ocasião. Esta concepção simplista que favorece demais um ponto de vista justo, mas parcial, não basta para guiar verdadeiramente a escuta do analista. Isso se evidencia por pouco que seriamente atentemos à comparação do enigma. Com efeito, mais comumente o texto do enigma, ou conteúdo manifesto do sonho, não se traduz apenas pela formulação em palavras das figuras do

2. S. Freud, *I.R.*, 350; *G.W.*, II-III, 413.

desenho. Para sermos mais precisos, esta tradução em palavras faz surgir um problema suplementar: é preciso que um indício da natureza dos "pensamentos latentes" seja percebido para que a expressão do enigma que representasse uma vasta extensão do mar onde se vissem representados dois copos (literalmente, *deux verres à la mer*). Essa composição tão simples se presta, assim extrapolada, a toda uma série de traduções possíveis. Pode tratar-se, segundo alguns pobres jogos de palavras, da evocação de "um quadro de Vermeer", interpretação que por certo se impõe, caso o contexto faça surgir precisamente um "azul de Delft". Com efeito é raro a indicação ser tão nítida e é preciso permanecer na escuta de um ou mais indícios que permitirão a escolha entre as variantes dos elementos propostos, entre "le vert et l'amer, le deux et la paire, le père et la mère, les pervers et l'âme errante, le boire à la mère et la mer à boire" * — termos esses virtualmente figurados no enigma-sonho. Entre essas inúmeras possibilidades, não é fácil escolher o que deve ser cortado para se ordenar a verdadeira interpretação, a não ser pela localização de ao menos um termo dos pensamentos latentes. Pode-se adivinhar que tal localização só escapará à arbitrariedade na medida em que são claramente reconhecidas as regras que dirigem a organização desses pensamentos latentes. Em outras palavras, essa escolha só é possível com referência à ordem inconsciente onde se produz.

Ora, essa distinção de fácil manejo entre manifesto e latente parece no entanto — justamente por causa de sua simplicidade e da adesão imediata que provoca — ocultar em si germes de problemas inúteis onde se eclipsam as arestas do fato inconsciente. Pode, então, acontecer que nos prendamos a uma consideração apressada do texto manifesto como uma simples tela destinada a ocultar a verdade do texto latente — maneira ingênua, e muito difundida, de distinguir uma verdade realmente admitida de sua expressão enganadora. Na verdade, o modo de relacionamento dos dois textos só poderá aparecer depois de reconhecido o

---

* Conservamos os termos franceses pelo fato de constituírem um jogo de palavras, devido à pronúncia, muito semelhante. A semelhança possibilita as mais diversas «traduções» do que foi narrado pelo paciente. (Literalmente: «o verde e o amargo, o dois e o par, o pai e a mãe, o perverso e a alma errante, o beber à mãe e o mar a beber» (N. dos T.).

alfabeto que constitui a escrita dos pensamentos latentes, enquanto — acabamos de ver — ele é diferente do alfabeto (mais acessível e bem conhecido) que constitui o texto manifesto. Os pensamentos latentes são inscritos como *desejos inconscientes*. Seguramente, só através de uma interrogação exigente sobre a noção freudiana do desejo inconsciente em sua radical novidade é que se poderá situar, entre as outras noções, esta distinção didática entre o latente e o manifesto e, sobretudo, ir ao vivo da experiência psicanalítica desenvolvendo a extraordinária fecundidade deste aforisma — *o sonho é a realização de um desejo*.

Para fazer isso, não há caminho mais seguro do que seguir o procedimento de Freud na análise de seus próprios sonhos, já que ele constituiu ao mesmo tempo a invenção da psicanálise. Via segura sem dúvida, mas árdua, longa e sinuosa, como se verá a seguir. Tal via, segundo a palavra de Freud, é a *estrada real* que conduz ao inconsciente.

Dois sonhos destinados a se tornarem peças mestras na fundamentação da *Traumdeutung* vão nos servir de ponto de partida para esta leitura tão excepcional [3], onde a realidade do desejo se desvenda, num mesmo momento em sua singularidade e em sua universalidade. Numa primeira análise, o sonho da *injeção aplicada em Irma* (junho de 1895) e o da *monografia botânica* (março de 1898) manifestam, todos dois, a alta ambição do sonhador e fazem surgir uma intenção profunda de protesto e de justificação. Ambos testemunham, num intervalo de três anos, a persistência ou até, no dizer de Freud, a perenidade do desejo inconsciente.

Foi na noite de 23 para 24 de julho de 1895 que Freud sonhou com a aplicação da injeção em Irma e foi esse o primeiro sonho que ele submeteu a uma análise minuciosa [4]. Trata-se de uma defesa em que ele se desculpa e se justifica. Não foi ele o responsável pela cura incompleta de Irma, sua paciente, como lhe parecia querer sugerir em tom de reprovação seu amigo Otto, ao lhe relatar o acontecido. O sonho é também um protesto que se reveste da aparência de vingança,

---

[3] Importantes trechos desta leitura já foram publicados por S. Leclaire, em *A propos d'un fantasme de Freud. Note sur la transgression*, em *L'Inconscient*, P.U.F., nº 1, 1967, pp. 31-35.

[4] S. Freud, *I.R.*, 99; *G.W.*, II-III, 111.

enquanto insinua não ter sido ele, mas sim Otto que teria agido levianamente. O autor do sonho afirma enfim a exatidão de sua opinião ao repreender Irma — e sem dúvida através dela, muitos outros — por não ter ainda "aceitado sua solução", isto é, a psicanálise.

Este sonho com Irma é acima de tudo uma prova que Freud se dá da verdade de sua hipótese e servirá como demonstração inaugural em seu livro. De fato, sabemos que nessa época Freud ansiava por férias para pôr às claras seus projetos e verificar suas últimas idéias sobre a teoria das neuroses. Pretendia notadamente estudar os fenômenos psíquicos normais e também submeter à verificação decisiva a hipótese de que o sonho é, à sua maneira, a realização de um desejo — seria como o caso de seu amigo Rudi, que, para não ser obrigado a acordar e se levantar, sonha já estar no hospital, onde deve ir trabalhar? [5] Tais são, esboçadas de modo bem sumário, as preocupações científicas de Freud no correr desse mês de julho de 1895.

Portanto, o sonho da injeção aplicada em Irma se lhe revela, por mais de uma razão, como a realização de um desejo. Como já vimos ele não realiza apenas o desejo de se desculpar. Acima de tudo expõe-se à análise para satisfazer o desejo fundamental de desvendar o que está escondido, de violar regiões inexploradas, de arrancar um segredo, de ultrapassar (como herói) os limites do conhecimento, em uma palavra, desejo de transgredir, poderíamos dizer.

Ao sonhar com a cena da injeção em Irma e depois ao interpretá-la, Freud parece ter o sentimento de haver realizado uma façanha. Cinco anos mais tarde durante o sombrio verão que se seguiu ao fracasso da publicação da *Traumdeutung*, reconhece o fato, ao escrever a seu amigo Fliess [6]: "Você crê realmente que um dia se afixará na entrada da casa uma placa de mármore com esta inscrição:

'AQUI, AOS 24 DE JULHO DE 1895,
FOI REVELADO AO DR. SIGMUND FREUD
O SEGREDO DOS SONHOS.' "

5. S. Freud, «Lettres à Fliess», em *Naissance de la Psychanalyse*, P.U.F., 1956 (= *L.F.*), Lettre nº 22 (Edição alemã das *Gesemmelte Werke: Aus den Anfängen der Psychoanalyse*, respeitando a mesma numeração das cartas, damos aqui apenas essa referência.)

6. S. Freud, *L.F.*, 137.

Até hoje, a esperança de que isto aconteça permanece bem fraca". Verdade é que restrospectivamente podemos dizer: nesta noite de sonho foi escrita a frase que resume sua descoberta: "Após análise completa, todo sonho se revela como a realização de um desejo" [7].

Na *Interpretação dos Sonhos*, antes de manifestar essa fase mais importante de sua caminhada, Freud "pede ao leitor que, por um momento, aceite fazer suas as preocupações dele e participar dos mais corriqueiros acontecimentos de sua vida" [8]. Evocamos a natureza das preocupações "teóricas" no momento do sonho. Mas é mais difícil, e pode parecer mais arriscado, quiçá indiscreto, interessar-se — como fazemos em análise — pelos "mais corriqueiros acontecimentos da vida". Ora, parece que a preocupação maior de Freud nesse tempo — como D. Anzieu já salientou [9] — se refere aos problemas da concepção ou, ainda, da fecundidade a ser entendida no caso, tanto no sentido da procriação quanto da criação. Sua esposa Marta, espera o sexto filho, que parece não ter sido muito desejado e que, no entanto, será Ana, a única psicanalista dentre seus filhos. "Se você resolveu de fato o problema da concepção, não lhe resta mais que escolher desde agora a espécie de mármore que prefere, escreve a Fliess [10]. No que me diz respeito, sua descoberta chega alguns meses tarde demais, mas poderá talvez ser útil no próximo ano. Seja como for, desejo ardentemente saber algo mais sobre esse assunto..." Podemos observar aqui incidentalmente a aparição de uma primeira forma da fantasia da placa de mármore destinada ao seu amigo, mas já ambígua, pois nessa forma alusiva, tanto evoca a glória como a lápide da sepultura. Mas, o que se há de reter dessas linhas é sobretudo o reconhecimento do desejo ardente de saber mais sobre o problema da concepção. Através da questão da teoria psicológica que preocupa Freud, vemos já surgir sua verdadeira paixão de descobridor de enigmas: logo após a publicação da *Traumdeutung* ele se achará de fato "cego e tateante", como outro Édipo em Colona.

O desejo que obsedava — antes que o sonho da

7. S. Freud, *I.R.*, 112; *G.W.*, II-III, 126.
8. S. Freud, *I.R.*, 98; *G.W.*, II-III, 110.
9. D. Anzieu, *L'Auto-analyse*, P.U.F., 1959, p. 28.
10. S. Freud, *L.F.*, 24.

injeção em Irma viesse ao seu modo realizá-lo — parece ser deveras *o desejo de forçar o segredo do desejo*, de desvendar a realidade da vida sexual. Com o sonho de Irma abre-se para Freud o invólucro de mistério, de ignorância e de recusa que oculta a verdade do desejo. E já podemos entrever aqui as raízes de uma fantasia de Freud se atentando aos termos que em sua imaginação ele grava sobre a placa de mármore considerarmos o verbo *enthüllen*, desvendar, revelar, enquanto é composto de *Hülle*, invólucro, casca, pele * e do prefixo *ent* que indica a separação, a origem, a libertação, a evasão ("muitas vezes com a idéia acessória de clandestinidade") (diz o Sachs-Villate). Esta placa de mármore, glória e morte, Freud a fantasia para si, não sem a ter antes destinado a Fliess.

É no mesmo contexto do diálogo com Fliess que vai ser elaborado o sonho da *monografia botânica*.

Desde o mês de fevereiro de 1898, Freud se consagra à redação da *Traumdeutung*: "Abandono a auto-análise para me dedicar ao livro sobre os sonhos" [11], escreve ele a 9 de fevereiro. E lá pelo mês de março já está redigindo o segundo capítulo do livro, precisamente aquele em que vem narrando o sonho da injeção em Irma. Um dia, em princípio desse mês, ele recebe uma carta amigável e encorajadora, onde Fliess escreve: "Estou pensando muito no seu livro sobre os sonhos. Já o vejo acabado diante de mim e passo a folheá-lo". Na noite seguinte, Freud sonha com a monografia botânica [12]: "Escrevi a monografia de uma certa planta. O livro está em minha frente e viro justamente uma página na qual está inserido um quadro colorido. Cada exemplar traz um espécime da planta seca, como um herbário". Esse sonho, ao qual Freud se referirá muitas vezes em seu livro [13], tem novamente, escreve ele, exatamente como o sonho da injeção aplicada em Irma, o caráter de justificação, de defesa. A todas as pessoas que, como seu amigo Königstein à véspera do sonho, o acusam de se deixar levar muito facilmente por suas fantasias, ele responde pelo sonho que é um descobridor fecundo. Sabemos — e isso é

---
* Aquela deixada pelos répteis ao trocarem de pele (N. dos T.).
11. S. Freud, *L.F.*, 83.
12. S. Freud, *I.R.*, 153; *G.W.*, II-III, 175.
13. S. Freud, *I.R.*, 170, 244, 263, 398; *G.W.*, II-III, 197, 286, 310, 470.

relembrado pela análise do sonho — que por pouco Freud não conseguiu a glória da descoberta das propriedades analgésicas da cocaína. Ele próprio escrevera uma monografia "sobre a cocaína", publicada em julho de 1884 que, diz ele, deve ter chamado a atenção dos pesquisadores para as propriedades anestésicas do produto: "Eu mesmo já havia indicado tal utilização, mas deixara de aprofundar o assunto". Pouco tempo depois, pelos fins de agosto, impaciente por reencontrar-se com sua noiva Marta, deixa a seu amigo Königstein, a incumbência de prosseguir o experimento. De volta em outubro, fica sabendo que Koller acabava de descobrir um pouco antes de Königstein o poder analgésico dessa substância. Com justa razão pode então dizer que — não deixara ele se levar pela fantasia e não cedera às instâncias de uma mulher — teria "aprofundado a questão" e assegurado uma descoberta que traria seu nome. Aos críticos, como à sua intenção profunda, o sonho responde que virtualmente foi ele o descobridor da cocaína. Da mesma maneira — lembra-nos ele nessa análise — esse sonho é uma resposta às repreensões que recebia de seu pai, quando, aos dezessete anos, sua paixão pelos livros o levava a contrair dívidas com a livraria. Demonstra que sua paixão não é estéril pois seu amor aos livros o leva a escrever o seu. E Freud resume assim o argumento da defesa: "Sou eu o homem que realizou um trabalho valioso e fecundo sobre a cocaína — da mesma maneira que dizia outrora (a meu pai): sou um estudante aplicado. Em ambos os casos, a conclusão é a mesma: posso me permitir isso" [14].

Na realidade a análise desse sonho nos leva bem mais além dos estritos "pensamentos" latentes do sonho, na determinação do desejo inconsciente propriamente dito que o anima. No Cap. VII de seu livro, Freud nos indica que, para reconhecer através de todos os disfarces conscientes ou preconscientes a própria fonte que é o desejo inconsciente, podemos nos fiar nisto: "na maioria dos sonhos reconhecemos um centro que apresenta particular intensidade. É, em geral, a representação direta da realização do desejo" [15] escreve ele, e nos remete à segunda seção do Cap. VI. Nesse trecho,

14. S. Freud, *I.R.*, 156; *G.W.*, II-III, 179.
15. S. Freud, *I.R.*, 478; *G.W.*, II-III, 567.

após ter recordado quanto os elementos essenciais têm um papel deveras apagado no pensamento do sonho, nos ensina a distinguir entre a centragem aparente e a centragem real do sonho: o sonho é *"centrado" de outra maneira*, seu conteúdo se organiza ao redor de elementos outros que não o pensamento do sonho [16]. No próprio texto de Freud aparece uma nova perspectiva, para a qual se abre o nível dos pensamentos latentes do sonho, que pode ser qualificado de *mais formal que significativo* [17]. Propõe assim como exemplo o sonho da monografia botânica, onde o pensamento do sonha gira em torno das dificuldades, conflitos e rivalidades entre colegas; depois, em torno da idéia de que "ele sacrifica demais as suas fantasias", ao passo que o centro é "visivelmente a palavra *botânica*". Essa palavra é uma autêntica encruzilhada onde encontram numerosas associações de idéias... Encontramo-nos no interior de uma fábrica de pensamentos onde, como na obra-prima do tecelão [18]:

> A cada pedalada, milhares de fios são movidos
> As lançadeiras vão e vêm
> Invisíveis, os fios vão deslizando
> E, a cada lance, milhares deles ficam unidos.
> (GOETHE, *Faust*).

A essa palavra central se prendem elementos esparsos da experiência da véspera. É o caso da lembrança do professor Gärtner (em português = jardineiro) que encontrara enquanto conversava com Königstein. Gärtner estava em companhia de sua jovem esposa e ele havia cumprimentado a ambos pela aparência *florescente*. Na mesma conversa, tocara-se no assunto de duas doentes: uma respondia ao "doce nome de *Flora*" e a outra era uma paciente cujo marido se esquecera de lhe trazer *flores* no dia do aniversário. Esta "dama das flores" o leva a pensar na monografia sobre a espécie cíclame, vista no dia anterior na vitrina de uma livraria e no fato de o cíclame ser a flor preferida de sua esposa. Repreende-se por não pensar muitas vezes em lhe oferecer dessas flores, ao passo que ela,

---

16. S. Freud, *I.R.*, 263; *G.W.*, II-III, 310.
17. Para o desenvolvimento desta fórmula, ver p. 92, 97 e 101.
18. S. Freud, *I.R.*, 246; *G.W.*, II-III, 289.

"melhor do que ele", sempre que tem oportunidade nunca deixa de lhe trazer do mercado sua *flor preferida*: a alcachofra. Notemos de passagem que essa mesma expressão de flor preferida figura em outro sonho da mesma época — o do Conde Thun [19]. No início desse sonho, aparece o Conde dizendo: "Pedem-lhe que fale dos alemães. Com gesto irônico declara que a tussilagem é a *flor preferida deles* e coloca na lapela algo parecido com uma folha dilacerada, uma nervura de folha enrolada".

Teremos oportunidade de retornar a esta outra flor preferida, que nas páginas que seguem Freud evoca erradamente com o termo francês *pissenlit* *

Por outro lado, a palavra "botânica" faz com que se recorde ainda de duas lembranças de estudante. Uma diz respeito a seu exame de botânica na Faculdade, matéria com a qual pouco se preocupara. No dia do exame, caiu-lhe a tarefa de determinar uma planta da família das crucíferas e não a conseguiu reconhecer. A outra está ligada à planta seca do sonho, "como num herbário": estava no liceu e o diretor reuniu os alunos das classes superiores para um mutirão de limpeza no herbário onde foram encontrados pequenos vermes (*Bücherwürmer*); mas ao jovem Freud confiaram poucas folhas.

Ao final desta *cadeia botânica*, Freud evoca o que qualifica de recordação-encobridora. Ela surge a partir do fragmento: "gravura colorida inserta entre as páginas" que, antes de tudo, lhe lembra sua atração pelas monografias, quando tinha dezessete anos. Escreve ainda: "A isso vem ajuntar-se, não sei bem como, uma recordação de minha meninice. Um dia meu pai se divertiu entregando a mim e à mais velha das minhas irmãs um livro com estampas coloridas (narrativa de uma viagem pela Pérsia). Essa atitude é difícil de se justificar do ponto de vista pedagógico. Nessa época eu tinha cinco anos e minha irmã nem completara três. A lembrança da alegria indescritível com que arrancávamos as folhas desse livro (folha por folha, como se se tratasse de uma alcachofra) é quase o único fato de que me recordo dessa época como lembrança plástica. Mais

19. S. Freud, *I.R.*, 184; *G.W.*, II-III, 215.

* *Pissenlit* é o nome francês da planta «dente-de-leão» (N. dos T.).

tarde, quando estudante, tive paixão pelos livros: quis
colecioná-los, tê-los em grande quantidade. Tornei-me
um *Bücherwurn*" (rato de biblioteca; literalmente
verme de livro). "Meditando sobre minha vida, sempre
liguei essa primeira paixão àquela impressão da infância
ou melhor, reconheci que aquela cena da infância era
uma recordação-encobridora para minha bibliofilia de
mais tarde" [20].

Nesta fase da análise, podemos constatar o aparecimento da trama profunda do livro e da mulher, da folha e da flor, de colher e de comer, mas não poderíamos parar neste ponto da exploração do veio botânico: compreendemos melhor por que se acha tão estreitamente ligado a esta outra palavra "monografia". Escreve Freud: "Não só a representação composta, global, *monografia botânica*, mas cada um de seus elementos *botânica* e *monografia*, isolado, penetra profundamente no caos dos pensamentos do sonho através de inúmeras associações" [21].

Sem dúvida, não se pode dizer que Jakob Freud, ao dar ao seu filho de cinco anos um livro para rasgar, estaria oferecendo-lhe conscientemente a possibilidade de realizar de maneira substitutiva sua fantasia edipiana. No entanto a maneira como Sigmund relata esta lembrança (encobridora) parece deveras indicar o que fez com essa singular "leitura", a saber, um desfolhamento e uma transgressão extraordinariamente satisfatória. Esse é o momento de questionar não tanto a defasagem de gerações [22] que faz Sigmund nascer já tio de seus futuros companheiros de jogos, mas a singularidade do desejo de seu pai Jakob ao lhe dar um livro de estampas para rasgar. Se aceitamos como um dado da experiência que o inconsciente não tem tempo para falar, encontramos uma repetição do fato de dar um livro ao filho Sigmund no presente que Jakob lhe fez de sua própria Bíblia, quando completou trinta e cinco anos. Além disso, encontramos um comentário desse gesto na dedicatória que escreveu nessa ocasião: "Meu amado filho, foi no decorrer do sétimo ano de tua vida que o Espírito do Senhor te incitou a estudar. Diria que o Espírito do Senhor te falou assim: 'Lê meu livro. Nele terás acesso

---

20. S. Freud, *I.R.*, 155-156; *G.W.*, II-III, 179.
21. S. Freud, *I.R.*, 245; *G.W.*, II-III, 286.
22. Ver a esse respeito E. Jones, *La Vie et l'Oeuvre de Freud*, P.U.F., 1958, Cap. I.

às fontes do conhecimento intelectual. É o Livro dos Livros, a fonte em que vieram beber os Sábios e de onde os legisladores tiraram os fundamentos de seus conhecimentos'. Graças a este livro, pudeste ter uma visão do Todo-Poderoso, agiste e tentaste voar bem alto com as asas do Espírito Sagrado. Desde então sempre conservei a mesma Bíblia. Agora que acabas de completar os teus trinta e cinco anos, eu a tirei de onde a guardara e a envio como testemunho da afeição que este teu velho pai tem por ti" [23].

A propósito disto é interessante notar que Freud, interrogando-se sobre seu destino, menciona de bom grado as predições lisonjeiras da velha componesa [24], por ocasião de seu nascimento, ou aquela do versejador de Prater, a lhe prometer uma carreira brilhante lá pelos onze ou doze anos. Mas, ele pouco diz a respeito do que podeira ser a marca de seu pai em tal ocorrência; apenas uma referência de passagem [25]: "O fato (dar um livro para rasgar) não é fácil de se justificar, sob o ponto de vista pedagógico". A recordação-encobridora do livro-alcachofra faz voltar, indiretamente através de uma nota [26], justamente ao artigo de 1899 intitulado: "Les souvenirs-écrans". Desde que S. Bernfeld o demonstrou em 1946 [27], sabe-se que o exemplo que constitui o centro desse trabalho é um fragmento de autobiografia muito mal disfarçado. Isso equivale a dizer, ao menos de um modo "associativo", que a série botânica deve aí encontrar seu elo mais antigo. É isso, de fato, o que aparece. Vejamos o texto a respeito [28]: "Vejo um pedaço retangular, ou melhor, um forte declive de um prado verde e espesso. O verde está recamado de inúmeras flores amarelas que, é claro, não passam de flores triviais *pissenlits*. No cimo do prado, vê-se uma casa. Diante da porta duas mulheres estão a tagarelar sem parar. Uma é camponesa, com um lenço de seda na cabeça. A outra é uma ama-seca *. Três crianças estão a brincar sobre a relva. Uma delas sou eu mesmo, entre os dois e dois anos e meio. As outras

23. E. Jones, *loc. cit.*, p. 21.
24. S. Freud, *I.R.*, 171; *G.W.*, II-III, 198.
25. Esta observação foi curiosamente omitida na edição francesa de *L'Interprétation des Rêves*, P.U.F., 1968.
26. S. Freud, *I.R.*, 156; *G.W.*, II-III, 178.
27. Cf. nota 19, Cap. 1.
28. Tradução de D. Anzieu, em *L'Auto-analyse*, p. 279.

* Nannie (N. dos T.).

duas são meu primo (N.T.: John, na realidade, é sobrinho), mais velho do que eu um ano, e sua irmã (N. T. Paulina) que tem quase a minha idade. Colhemos as flores amarelas e cada um de nós segura um ramalhete de flores já colhidas. A menina está com o ramalhete mais bonito. A essa altura, — como se nós, os dois meninos, tivéssemos combinado — nos atiramos sobre ela e lhe arrancamos as flores. Toda em lágrimas, ela sai correndo pelo prado. Para a consolar, a camponesa lhe dá um bom pedaço de pão de centeio. Logo que vimos aquilo, jogamos fora nossas flores e fomos correndo para a casa a fim de pedir pão também. Conseguimos. A camponesa corta um naco com uma faca comprida. Em minhas recordações, o pão tem sabor deveras delicioso. Naquele instante, a cena pára".

Essa lembrança das flores tiradas da mão de Paulina marca um dos termos finais da análise de Freud. Parece ser possível descobrir aí ao menos duas ou três dessas encruzilhadas que são nos sonhos, segundo o que nos foi dito, o próprio aflorar do desejo inconsciente.

Desta maneira, através dessas duas recordações-encobridoras, parece-nos ser necessário considerar como termos mais importantes do inconsciente freudiano o termo "arrancar" (*reissen, entreissen*) ou sua variante botânica "colher" (*pfücken*) e o termo "amarelo".

Comecemos por examinar as vias que vão se cruzar neste termo "amarelo". Logo de início temos aquela — indicada explicitamente por Freud — que vai do vestido amarelo de Gisela — já evocado — à própria recordação-encobridora. De fato, é necessário lembrar aqui — na análise da lembrança das flores arrancadas da mão de Paulina — a evocação que Freud faz do seu primeiro amor, aos dezessete anos, por Gisela, de quinze anos, filha da família Fluss. Nessa família ele era recebido em seus tempos de férias. Era a primeira vez que retornava a Ereiberg desde o êxodo familiar na época de seus três anos. Imediatamente, apaixonou-se por Gisela com um amor extremado — a respeito do qual ele mantém o mais absoluto segredo — a tal ponto que a separação após esse curto idílio "levou sua nostalgia a um verdadeiro paroxismo". É verdade que o vestido de Gisela em sua recordação era de um amarelo mais escuro, do mesmo modo que — diz Freud — certas flores de colorido vivo nas regiões baixas adquirem cores mais escuras em altitudes mais elevadas.

Por outro lado, Freud não diz quase nada do amarelo como cor dos judeus. Apenas alude — analisando o sonho com o Conde Thun — a uma forma botânica do anti-semitismo, a guerra dos cravos, que assolava Viena. Os cravos brancos eram a insígnia dos anti-semitas; os vermelhos, dos sociais-democratas.

Além disso, o amarelo — como é sabido de todo analista de criança — é a cor chave do erotismo uretral. Sobre isso, Freud se mostra pródigo em confidências a seu respeito, vendo aí as próprias origens de sua ambição e até, como pretende, de sua megalomania. Não é nada estranho para um leitor francês ver o *pissenlit* se inscrever tão profundamente na série botânica. Evidentemente, isso surpreende bem mais a um leitor alemão, pois o nome alemão correspondente a *pissenlit* é *Löwenzahn,* que, literalmente, quer dizer dente-de-leão. É aqui que temos de voltar à análise do sonho com o Conde Thun. Freud, ao comentar a declaração feita pelo Conde de que a *flor preferida* pelos alemães é a tussilagem, toma por base de associação o termo alemão correspondente, isto é, *Huflattich*. Isso o leva a uma série de associações de palavras grosseiras e vulgares em que passa do alemão ao francês: de *Hund* a *chien, de chien à... chier**. Levado pela série associativa das duas funções excrementiciais, conclui com esta observação: "Por outro lado, eu traduzo — não sei se exatamente — *Huflattich* por *pissenlit*". Está claro que, de acordo com o dicionário, não é exato, pois, *pissenlit,* se traduz em alemão, conforme já vimos, por *Löwenzahn,* dente-de-leão.

Poder-se-ia investigar igualmente o sonho do "tio de barba amarela" [29], em que os pensamentos relacionados com o anti-semitismo vêm à tona rapidamente. Mas, de preferência, ficaremos só com a cor amarela dos "dentes-de-leão", uma vez que ela nos levará, por via indireta — fácil de se adivinhar, graças ao aparecimento dos *dentes* (do leão) — ao outro termo mais

---

29. S. Freud, *I.R.*, 156; *G.W.*, II-III, 143.

* Mantivemos o francês por causa do jogo de palavras que perderia sua finalidade caso o traduzíssemos (literalmente: «cão, de cão a...cagar»).

importante, que é rasgar, arrancar. No início da segunda seção do Cap. V da *Interpretação dos Sonhos* — no qual Freud pretende nos mostrar que as fontes do sonho (o desejo inconsciente) se encontram na infância — propõe-nos, antes de retomar o exemplo da monografia botânica, um exemplo apresentado por um colega "de uns trinta anos" [30] que, em meu modo de pensar, poderia ser o mesmo da recordação-encobridora, isto é, o próprio Freud [31]. Vejam o que lhe conta o colega: ele sonhava muitas vezes com um *leão amarelo*, sem achar explicação para tal representação. Até que um dia descobriu exatamente o leão do seu sonho na forma de um bibelô de porcelana [32] que sua mãe já deixara de lado há muito tempo. Sua mãe lhe dirá, nesta ocasião, que aquele era seu brinquedo preferido da infância; ele mesmo nem se lembrava mais de tal pormenor. A segunda história, atribuída (nas linhas seguintes) ao colega do leão amarelo, parece para Freud ser muito instrutiva também: "Depois de ter lido a narração da expedição de Nansen ao Pólo Norte, sonhou estar aplicando, naquele deserto de gelo, um tratamento elétrico no corajoso explorador para curá-lo de uma dolorosa ciática". Ao analisar esse sonho, descobrirá uma história de sua infância que torna o sonho compreensível. Lá pelos seus três ou quatro anos ouviu, um dia, os mais velhos falarem de viagens, de descobertas e perguntou a seu pai se aquela doença era muito perigosa. Sem dúvida, ele confundira viajar (*reisen*) com dor (*Reissen*).

Com isso, chegamos de novo à segunda palavra chave, *reissen* (arrancar) ou *pflücken* (colher). Observemos, de início, que se a confusão entre *reisen* e *Reissen* é, como podemos supor, um elemento autobiográfico de Freud, sua análise deve ter contribuído, pelo menos um pouco, para melhorar a fobia das viagens.

Colher, desfolhar, arrancar, deflorar, seriam as variantes-chaves do termo *Reissen*, elemento "vivo"

---

30. S. Freud, *I.R.*, 169-170; *G.W.*, II-III, 196-197.
31. Esta hipótese, que eu já mencionara em *Cahiers pour l'analyse*, janeiro de 1966, n. 1-2 (2ª ed.), p. 66, nota 4, é confirmada por um trabalho de H. Lehmann, *Two Dreams and a childhood memory of Freud*, aparecido em *Journal of the American Psychoanalytic Association*, v. 14, abril de 1966, n. 2, p. 388.
32. Será necessário subentender *de Meissen?* cf. o sonho *Maistollmütz* (*I.R.*, 257; *G.W.*, II-III, 302) e o que direi mais adiante a respeito do termo *reissen*.

das lembranças mais antigas. Se ajuntarmos variantes de acentos sobre a mesma palavra, obteremos o modelo das confusões possíveis: *reisen* (viajar), *beissen* (dar uma mordida... no pão delicioso), *heissen* (ordenar, nomear... deixar as marcas de seu nome em alguma descoberta).

Assim como o "azul de Delft" do sonho-enigma dos *deux verres à la mer*, poderia ser tomado por uma indicação formal de como traduzir o texto figurado por "quadro de Vermeer", da mesma forma é possível imaginar que a representação do jornal das *Fliegende Blätter* (literalmente: "folhas volantes") evocaria para Freud, mais a "folha de couve", isto é, a série livro--alcachofra e não a série *"verba volant"*, que ela bem poderia sugerir.

À questão por nós colocada a respeito dos critérios para preferir uma interpretação do enigma em vez de outra, o estudo da análise que Freud faz do sonho da monografia botânica não deixa dúvida alguma sobre como proceder, ao escrever, como já vimos: "Na maioria dos sonhos, pode-se reconhecer um ponto central apresentando uma particular intensidade. É, em geral, a representação direta da realização do desejo; pois, quando reconstituímos os deslocamentos da elaboração do sonho, constatamos que a intensidade psíquica dos elementos do pensamento do sonho se traduz pela intensidade sensível dos elementos do conteúdo". Voltando, como já salientamos, à análise do sonho da monografia botânica, ele insiste no fato de que o mais importante realmente não são os temas dos pensamentos dos sonhos, embora latentes — a saber, as dificuldades ou rivalidades entre colegas ou, ainda, a idéia de que ele se sujeita demais às fantasias — mas, sim, a *palavra "botânica"*. Esta palavra, que integra o conteúdo mais manifesto, é, *ao mesmo tempo*, o ponto central mais sensível do sonho. Verdadeira palavra-encruzilhada ou palavra-chave, esse termo de uma intensidade particular, na opinião de Freud representa *diretamente a realização do sonho*. Deveremos ainda voltar ao caráter *formal* dessa localização de um termo como nodal. Ela se opõe a uma localização baseada na significação — o *tema* — dos pensamentos do sonho, mesmo latentes. "O sonho é *centrado* de maneira diferente." Desta

forma, pudemos ver como se destacam as palavras-
-encruzilhadas através de uma verdadeira leitura desta
análise: "botânica", "monografia", "amarelo", e, enfim,
a série "colher", "arrancar".

Contudo temos que chegar ao final dessa leitura,
àquilo a que não poderíamos fugir indefinidamente, o
enigma dessa realização de desejo, *Wunscherfüllung*,
realização do desejo inconsciente, propriamente dito —
objetivo final da análise. No exemplo que Freud nos
propõe — o seu — os termos de arrancamento e desvendamento parecem ser os que mais nos fazem aproximar do intento acima. A expressão "desvendar um
segredo" poderia ser um dos modelos inconscientes. É
desta maneira que se apresenta à análise, em sua forma
mais despojada, o que se pode chamar de uma fantasia
fundamental de Freud. Seria, no entanto, desmerecer-
-lhe o valor se tal fantasia fosse vista como um deflora-
mento mais ou menos agressivo. Não basta que, na
análise da recordação-encobridora, tal interpretação
seja explicitamente mencionada por Freud, para esquecer tudo que é dito, simultaneamente, sobre a outra
face da lembrança, o naco de pão, pão tão delicioso.
Basta-nos assinalar aqui aquele outro termo-encruzilha-
da, a palavra *miche* (naco), em alemão *Laib*, que
acusticamente não se pode distinguir de *Leib*, o corpo.

O que eu gostaria de focalizar é que o desejo
inconsciente, formalizado por esta fantasia, não é
somente um desejo incestuoso de possuir a mãe, corpo
ou seio, e de ter um prazer delicioso com isso — como
sugere a imagem oral de morder gostosamente esse pão
fabuloso — mas sim um desejo propriamente dito de
colher (*pflücken*), de arrancar (*ent-reissen*), de desvendar (*enthüllen*), isto é, um desejo reduzido a sua
dimensão essencial, *um movimento que vai além, desejo
quase liberto da fascinação do objeto*.

A experiência do desfolhamento do livro-mãe dado
pelo pai marca uma clara reviravolta na história de
Freud: sem dúvida nasceu ali a sua "paixão pelos
livros". É para ela que se voltará aos dezessete anos,
para esquecer o seu amor por Gisela; é a justificativa
que inutilmente dará ao pai para que aceite a nota
dà livraria; é ela que, aos dezenove anos, o protegerá
contra a tentação de casar com Paulina. Mas a diferen-

ça toda está no fato de não se contentar com ser um leitor bibliófilo, colecionador e erudito: o livro não se fixará como objeto-encobridor, pois Freud *escreverá* um livro e justamente a respeito do fato do desejo. Este livro diz que é em uma transgressão que se realiza o desvendamento do desejo. Assim é que realiza seu desejo de menino que pode se expressar, sobre o próprio modelo de sua fantasia: "arrancar" aos sonhos o seu segredo.

Dessa preocupação fundamental de transgredir — literalmente, de ir além — pode-se encontrar uns cem exemplos em sua obra e em sua vida. Podemos lembrar, de início, o sintoma da viagem impossível à cidade-mãe de Roma; sua parada forçada, como a de Aníbal, às margens do lago Trasimeno, impossibilidade que há de persistir até sair o livro. Literalmente, é claro que Freud sempre considerou de maneira curiosa a vida sexual como sendo também a possibilidade mais elementar oferecida ao homem para essa superação. Ele escreve: "Enfim, concluindo sua análise do sonho *non vixit* [33], o único meio de atingirmos a imortalidade, não será, para nós, o de ter filhos?" Sente-se que no entanto esta via posta em prática por Freud não o convenceu realmente. Sem dúvida diz ele a mesma coisa — e de maneira mais segura — em sua elaboração teórica, quando firmemente afirma o princípio da irredutibilidade dos impulsos sexuais a qualquer outra tendência biológica: "A sexualidade não pode ser colocada no mesmo plano das outras funções do indivíduo pelo fato de suas tendências *irem-além* dele e terem por meta a criação de novos indivíduos" [34]. Mas, na verdade, é só através do seu livro que ele realiza seu anseio.

Poderíamos explicar essa exigência fundamental de Freud nessa questão de desejo, interrogando — como ele mesmo nos ensinou a fazer — o relacionamento dele com a mãe. Para dizer a verdade, ele se encarregou de fazer isso com grande lucidez de espírito. Ficamos sabendo através dele mesmo que — como Goethe, um de seus modelos — foi o filho preferido, adorado pela mãe e estimado pelos deuses. E foi isso que lhe deu a

33. S. Freud, *I.R.*, 415; *G.W.*, II-III, 491.
34. S. Freud, Pulsions et Destins des pulsions, em *Métapsychologie*, Gallimard, «Idées», p. 23; *G.W.*, X, 217.

inesgotável confiança e energia indomável que lhe permitiram ir "até os limites do humano". É um modo de dizer que muito cedo se viu saciado por ela e se fizéssemos questão, poderíamos encontrar outros ecos desse "pão delicioso" que certamente provou e que deixa, em quem o provou uma marca preciosa, mais indelével que as cicatrizes — mesmo que estas fossem gravadas atrás do queixo, como foi o caso de Freud, castigado por causa de uma gula que não tinha jeito de ser curada [35]. Do grau de realização desse laço incestuoso com sua mãe, nós guardaremos — em vez da primeira lembrança de sua mãe *desvendando*, em sua frente, a nudez durante uma *viagem* [36] — o único pesadelo de que se diz lembrar. Nesse pesadelo vê sua mãe morta, o rosto banhado em felicidade, transportada por três ou quatro personagens com bico de pássaro [37]. Não resta dúvida: o menino Freud sonha que é a causa, não só da morte, mas também da felicidade de sua mãe. Assim como fora saciado por ela, sonha que ele mesmo acaba de saciá-la. Serve-se do Livro, da Bíblia de Philipson (aquela que lhe dará seu pai) para representar a "assunção" de sua mãe usando a imagem dos deuses egípcios com a cabeça de falcão, vista numa gravura do livro.

Em nenhum sonho se apresenta tão nitidamente o *enigma* da realização do desejo, termo final do objetivo da psicanálise: sem dúvida, a mãe aparece representada como completamente saciada, a própria imagem da satisfação. Mas, o sentido evidente dessa representação não bastaria para garantir uma interpretação justa, como o simbolismo do gesto "oferecer flores a uma mulher" não bastava para a interpretação do sonho da monografia.

Aqui, é o elemento "personagem com bico de pássaro" que, segundo a expressão de Freud, representa diretamente o desejo inconsciente, assim como a palavra "botânica" no sonho da monografia. Se alguém duvidar do valor do "personagem com bico de pássaro" como representação direta do desejo inconsciente, basta-lhe prosseguir atentamente a leitura de Freud. Perceberá, então, que na análise sumária desse pesadelo

35. S. Freud, *I.R.*, 477; *G.W.*, II-III, 566.
36. S. Freud, *L.F.*, 70.
37. S. Freud, *I.R.*, 495; *G.W.*, II-III, 589.

chama de "gavião" (*Sperber*) o pássaro cuja cabeça com bico curvo é representada no sonho. Notamos também que o nome de Philipson — o tradutor ou editor daquela Bíblia, na qual diz ter visto, pela primeira vez, a figura dessas divindades egípcias — evoca a recordação de um rapaz mal-educado chamado Philippe, moleque que lhe ensinara o termo de gíria que pode designar em alemão o ato sexual: *vögeln* (de *Vogel*, pássaro). Sabemos, ainda, que Freud colecionava antiguidades egípcias e pode parecer surpreendente que fale de "gavião" para descrever a cabeça do deus Hórus, do qual, aliás, possuía uma estatueta. Habitualmente, esta cabeça é descrita como cabeça de "falcão" (*Falken*). Além disso, quem lê Freud não pode deixar de lembrar-se do surpreendente estudo de 1910 sobre *Un souvenir d'enfance de Léonard de Vinci* [38].

Na parte central desse trabalho, encontramos uma nota autobiográfica de Leonardo da Vinci, relatando uma verdadeira fantasia, suposta recordação de sua primeira infância: "Estando ainda no berço, um pássaro veio até mim, abriu-me a boca com o rabo e bateu-me com ele várias vezes entre os lábios". Esse pássaro, Leonardo da Vinci chama de *nibbio, milhafre*. Em alemão, *milhafre* se traduz por *Weihe* ou *Gabelweihe* para caracterizar o tipo fendido de seu longo rabo. Ora, como já notara J. Lacan [39], Freud traduz na realidade *nibbio* por *Geier*, que em alemão designa o abutre, um pássaro bem maior, diferente ainda na forma do rabo e no comprimento do pescoço. Podemos encarar o erro de Freud como efeito conjugado, de uma repressão da série *Weihe* que quer dizer *milhafre* mas também — e sobretudo — "consagração", "sagrado", *Weihe*, tão próxima por sua sonoridade da série já lembrada *Weib* (mulher) e *Leib-Laib* (naco-corpo) e, por outro lado, como o efeito da atração da série *Geier* — abutre, águia — que se aproxima, por sua sonoridade, da série *Geil* — concupiscente, sexual [40]. Seja como for, no curso de sua análise da recordação Freud evoca, a propósito do abutre assim introduzido, o hieróglifo daquela forma que teria significado a "mãe" para os

38. S. Freud, *Un souvenir d'enfance de Léonard de Vinci*, Gallimard, 1927 (20ª ed.), pp. 65-66; *G.W.*, VIII, 150.

39. J. Lacan, *Séminaire* de Sainte-Anne (1954-1963), inédito.

40. Este último termo aparece na injúria: *Geile Jude*, judeu sensual.

egípcios e relembra as crenças sobre o sexo apenas feminino dos abutres, e a representação daquela divindade materna dotada de um fálus ereto. Águia, gavião, abutre ou falcão, parece de qualquer forma que o elemento persistente dessa representação é a característica do bico de pássaro (e, quem sabe, o ditongo *"ai"*), que indica sempre para Freud o enigma do desejo, tanto em seu aspecto mais trivial (*Vögeln, Geil*) quanto em seu caráter sagrado (*Weih*).

Para entender o que a psicanálise nos impõe, será preciso — como Freud não cessa de dizer — nos livrarmos ainda de muitos preconceitos. E aqui no caso, de dois hábitos principais: primeiro, aquela maneira de considerar a tensão do desejo conforme o modelo do apelo de uma necessidade, dirigido para a expectativa de um objeto capaz de preenchê-la. Ora, não é nada disso que nos propõe a psicanálise pois *o desejo inconsciente aparece ali como uma fórmula* que surpreende por sua singularidade, por vezes absurda, construída como uma figura de deus egípcio, literalmente como "botânica", "colher", "pessoa com bico de pássaro"; fórmula, cifra ou letra que visam mais insistir, repetindo-se, com todos os seus enigmas, do que se saturar, se saciar, ou se suturar de alguma maneira.

Outro preconceito que a psicanálise nos leva necessariamente a rejeitar é aquele, já lembrado, da distinção entre uma realidade profundamente oculta e verídica, e uma aparência enganadora, superfície diretamente acessível. A oposição didática entre conteúdo manifesto e conteúdo latente se presta, é verdade, a uma interpretação restrita para sustentar esse preconceito. Ora, é suficiente, notarmos que, no correr de nossa leitura quem analisa constata muito ao contrário que *um único e mesmo termo* sustenta a verdade e sua dissimulação: "personagem com bico de pássaro", "amarelo", "colher", "botânica", são ao mesmo tempo a dissimulação e a afirmação patente da singularidade do desejo inconsciente. Não seria demais insistir (contamos voltar ao assunto), sobre esse fato coextensivo a toda possibilidade da psicanálise, a saber, que *não há verdade alguma nem além nem aquém do desejo inconsciente; a fórmula que o constitui ao mesmo tempo que o representa o trai,* a própria verdade do desejo inconsciente que renasce sempre para a realidade através de uma transgressão perpetuada.

Enfim, é curioso observar que lendo Freud, ao final de uma análise sem compromisso, o desejo inconsciente surge como uma construção formal, como tal desprovida de sentido mas facilmente representável: "arrancar flores amarelas" em sua composição fantasmática, ou "personagem com bico de pássaro" em sua concisão hieroglífica. Reencontramos assim, ao término da análise, uma composição formal análoga àquela do enigma que tomáramos como ponto de partida. E constatamos também que ela é a essência mesma dos pensamentos latentes que, do conteúdo manifesto, nada ou quase nada chega a distinguir nem em seus termos nem em seu arranjo. Nada poderia ilustrar melhor esse fato crucial para a análise que não há o além do texto ou, ainda melhor, da letra.

3. TOMAR O CORPO AO PÉ DA LETRA OU COMO FALAR DO CORPO?

Um único e mesmo texto, ou melhor, uma única e mesma letra, constitui e representa o desejo inconsciente. A psicanálise questiona em última análise a distinção comum e cômoda entre um termo de realidade e sua representação. Isso pode parecer estranho mesmo aos mais familiarizados com a psicanálise.

Algo há nessa afirmação absoluta que parece estar mal colocado em relação ao ponto de vista de Freud. Nada mais claro, de fato, que a invocação muito freqüente da realidade primeira do substrato biológico oposto como tal ao caráter de reflexo da representação psíquica. O psiquismo, dentro desta perspectiva, apareceria como a superestrutura de uma realidade fundamentalmente orgânica; nesse caso poderia alguém se perguntar em que tal posição se distinguiria da corrente denominada em psiquiatria organicista, em oposição àquela que se atribui aos freudianos, a psicogeneticista. No entanto, é evidente que esta maneira de ler Freud não pode ser razoavelmente mantida: do início ao fim de sua obra, seja qual for a insistência sobre o caráter fundamental do fato biológico, não poderia ser tomada como uma negação ou até anulação da essência de sua descoberta. Realmente, a psicanálise só existe e se desenvolve no nível das representações. Para ilustrar este fato nos bastará lembrar que o recalque, fecho de abóbada do aparelho psíquico [1] apenas pode ser exercido sobre elementos representativos, com exclusão de qualquer outra realidade pulsional que não tenha lugar na vida psíquica. São representações primitivamente recalcadas que constituem o inconsciente [2] e são desta forma, a origem dos derivados que cairão sob o golpe do recalque propriamente dito, para constituir o núcleo manifestamente ativo do psiquismo.

Segundo o criador da psicanálise, não há dúvida possível. A realidade da vida psíquica, a verdade que é o inconsciente e com a qual nos defrontamos, é composta de elementos representativos da pulsão (representações figurativas ou investimentos afetivos): "Uma pulsão não pode se tornar nunca objeto da consciência; apenas o pode a representação que a simboliza. Uma pulsão não pode também ser representada no inconsciente, a não ser pela representação. Se uma pulsão não fosse ligada a uma representação, se não se traduzisse por um estado afetivo, passaria completamente despercebida" [3]. É sabido que o trabalho da análise consiste em tornar possível um certo acesso a essa ordem inconsciente das representações "recalcadas" para ordená-las com lógica e descobrir para cada uma a coerência individual.

1. S. Freud, «Contribution à l'histoire du mouvement psychanalytique», em *Cinq leçons sur la psychanalyse*, Petite Bibliothèque Payot, 1968, p. 81; *G.W.*, X, 54.
2. «Estamos, portanto, fundamentados quando admitimos um recalque originário, uma primeira fase do recalque que consiste nisto: ao representante psíquico (representante da representação [J. Lacan], representante-representação (J. Laplanche, J. B. Pontalis) = *Vorstellungs-Repräsentanz*) da pulsão é negado o acesso ao consciente». S. Freud, «Le Refoulement», em *Métapsychologie*, Gallimard, «Idées», p. 48; *G.W.*, X, 250.
3. S. Freud, «L'Inconscient», em *Métapsychologie*, Gallimard, «Idées», p. 82; *G.W.*, X, 275.

Mas, não é fácil permanecermos nesse nível verdadeiramente lógico do desejo inconsciente. Por isso, é natural, que encontrando uma dificuldade nesse trabalho de decifrador — que é peculiar da psicanálise — nos voltemos para maneiras de pensar mais tradicionais mas, em certo sentido, também mais regressivas. Ao tentarmos fugir à ordem lógica das representações que a psicanálise promove, encontramos, como consolo, o modelo biológico em sua opacidade metafórica. A pulsão é de novo tida como um fato orgânico. Isso se dá, por exemplo, quando Freud a invoca sob a forma de moções pulsionais (*Triebregungen*), ou mais simplesmente ainda, quando a descreve como um impulso de "natureza biológica" [4]. No entanto, seguindo sua própria definição, ela deve ser tida como um "conceito-limite entre o psíquico e o somático" ou ainda — acrescenta ele na mesma frase — "como um representante psíquico das excitações emanadas do interior do corpo e chegadas até a alma, como o grau de trabalho imposto ao psíquico em conseqüência de sua ligação com o corporal" [5]. Lembrando o ponto mais importante da visão psicanalítica — propriamente falando, a pulsão não poderia ter outra existência além da que tem em seus representantes — a ambigüidade da posição freudiana aparece em toda sua extensão e se resume muito bem nesta frase: "O núcleo do inconsciente é formado por representantes da pulsão que buscam descarregar suas cargas, moções de desejo portanto (*Wunschregungen*). Essas moções pulsionais (*Triebregungen*) estão coordenadas entre si..." [6] De fato, nesse trecho, faz-se referência simultânea ao "representante" — termo eminentemente lógico ou logicizável — e à "moção pulsional" (confundida aliás com a moção de desejo), uma noção que implica a primazia de uma realidade biológica [7]. Considerando assim o problema, encontramo-nos diante de dois pontos de vista aparentemente contraditórios. Um afirma que tudo relativo

---

4. S. Freud, «Pulsions et Destins des pulsions», em *Métapsychologie*, Gallimard, «Idées», pp. 15-16; *G. W.*, X, 213.

5. *Ibid.*, Gallimard, «Idées», p. 18; *G.W.*, X, 214.

6. S. Freud, «L'Inconscient», em *Métapsychologie*, Gallimard, «Idées», p. 96; *G.W.*, X, 285.

7. M. Tolt, em seu artigo «Le Concept freudien de représentant» (*Cahiers pour l'analyse*, nº 5, nov.-dez. 1966, pp. 37-63), observa com certa insistência que no texto capital de Freud sobre «O Inconsciente» (Gallimard, «Idées», p. 65; *G.W.*, X, 26) o destino das representações é

ao campo psicanalítico se situa no nível das representações concebidas como elementos formais, outro, que a essência do processo inconsciente deve ser situado no nível das moções pulsionais, isto é, de uma energia de natureza orgânica. Mas é claro que conduzindo o debate desse jeito, trilha-se um caminho avesso ao pensamento freudiano acentuando a oposição dos termos "psíquicos" e "orgânicos" enquanto o difícil conceito de pulsão que constitui verdadeiramente a contribuição de Freud tende precisamente a compreender esse dualismo dentro de uma dinâmica realmente nova: a originalidade desse conceito, descrito como limite, consiste em estabelecer o inconsciente fora das categorias do biológico e do psicológico entendido em seu sentido pré-freudiano. Isso equivale a dizer que a clivagem, ou afastamento, que fundamenta a dimensão da representação no conjunto da doutrina das pulsões, se situa de outra maneira e não na oposição tradicional entre a alma e o corpo. Isso aparece de maneira mais convincente com a análise de uma posição libidinal muito importante, a perversão.

No caso da perversão, o objeto do desejo surge em sua realidade paradoxal. Que a mulher seja objeto de desejo por parte do homem é um fato que, erroneamente [8], não é questionado na medida em que evitamos, em geral, de interrogar a singularidade objetiva de um

considerado com prioridade. O recalque é ali descrito — acabamos de recordar isto — como uma operação que se realiza efetivamente com representações. Mas, no texto um pouco anterior de *Pulsions et Destins des pulsions,* ele acentua também que, é a própria pulsão em sua implicação biológica, a moção pulsional, que é considerada com prioridade: «Elaboração psíquica», «manifestações psíquicas», «representantes» são concebidos por Freud somente como formas de manifestação de uma realidade última que é sempre uma energia pulsional... «Estas determinações são concebidas como os predicados de uma realidade original irredutível, ainda que se possa muito bem, considerar tais determinações como primeiras», p. 46. O equívoco do conceito de representante, o recurso constante à hipóstase biológica são constantes importantes no pensamento de Freud. Elas correspondem, segundo M. Tort, a «um divórcio incontestável entre a elaboração da experiência clínica das neuroses (ou das psicoses) e a teoria ou doutrina das pulsões tratada por Freud de mitologia, cujo caráter necessariamente especulativo ele manteve». «Esta distância, prossegue M. Tort, em parte alguma aparece melhor do que em *Au-delà du plaisir* em que a compulsão à repetição, analisada primeiro no nível significante em que se manifesta, se acha «fundamentada», em um segundo tempo, em uma teoria inteiramente especulativa e «biológica» da natureza da pulsão. Ainda uma vez, a representação (*Vorstellung*) ou o afeto são simplesmente o lugar onde se «representa» (*repräsentiert*) um jogo miticamente conduzido ao nível de uma pulsão «orgânica» (pp. 55-56).

8. «O interesse sexual exclusivo do homem para com a mulher não é uma coisa tão lógica (...) mas, sim, um problema que merece ser esclarecido». S. Freud, *Trois essais sur la théorie de la sexualité,* Gallimard, «Idées», 1962, p. 168 (nota 13); *G.W.,* V, 44 (nota 1).

atributo, a saber o impalpável odor de essencial feminilidade. Mas, que o homem possa ser objeto de desejo para o homem ou, melhor ainda, que um calçado ou uma peça de roupa possam ser alvo do desejo é um fato que desencadeia uma série de questões. O objeto fetiche (alvo de adoração) é, como se sabe, um objeto trivial e de uso vulgar, sem que nada indique *a priori* seu valor erótico. Para aqueles que não o escolheram como fetiche — é a grande maioria — o objeto viria marcado por um quê de vulgaridade (tal cueca) ou por seu caráter um tanto ridículo em seu isolamento (tal bota um pouco fora de moda) ou ainda por uma certa nota repulsiva como a que pode ser provocada pelo acessório ortopédico. De qualquer modo, não poderíamos afirmar que o objeto fetiche seja em si mesmo totalmente indiferente. As roupas de pele ou o chicote, o ferro ou a borracha só podem ser tachados de neutros por aqueles que cedem ou fingem ceder aos efeitos de um recalque mais ou menos partilhado. Concebe-se facilmente que tal contorno do corpo feminino possa suscitar no homem o movimento do desejo e desencadear o processo orgânico que o manifesta, mas é necessário um pouco mais de reflexão para aceitar que um pedaço de pelúcia ou de borracha — enquanto fetiche eleito por outro — possa desencadear neste outro, do modo mais vivo e inevitável, o ciclo do desejo até seu ponto culminante do orgasmo. Percebe-se logo que, por meio de uma série de associações que procedem por contigüidade, reconstitui-se facilmente a cadeia que parte do objeto fetiche e alcança o corpo e mais precisamente as partes sexuais.

Partindo de suas análises, sabemos qual a explicação dada por Freud a respeito do valor do objeto fetiche: ele é o substituto do pênis que o menininho, quando pequeno, atribuía a sua mãe, como a qualquer mulher: "A análise, escreve Freud, descobriu em todos os casos o mesmo sentido e o mesmo objetivo no fetiche. Tal descoberta se revelou por si mesma com tanta espontaneidade e se me impôs com tanta força que estou apto a esperar a mesma solução em todos os casos de fetichismo. Se no momento eu declarar que o fetiche é um substituto do pênis, vou certamente causar uma desilusão. Apresso-me também a acrescentar que não é o substituto de um pênis qualquer, mas de um pênis determinado, totalmente especial e de grande significado nos primeiros anos de infância, que se perderá, porém, mais tarde. Normalmente esse pênis deveria ser abandonado, mas o fetiche se destina justamente a impedir esse desaparecimento. Para ser mais claro, o fetiche é o substituto do fálus da mulher (a mãe) no qual a criança acreditou e ao qual, por razões que nos são familiares, ele não quer renunciar" [9]. Tal explicação foi constatada como profundamente verdadeira em todas as análises de pervertidos.

O fetiche é, sem dúvida, o exemplo mais convincente do mecanismo do desejo perverso e talvez mesmo um modelo de intensificados traços redobrados do ciclo de todo desejo. Sabemos outrossim, desde Freud, quanto essa análise da posição perversa permitiu atenuar a oposição entre a sexualidade normal e as suas aberrações. A atividade autônoma das "zonas erógenas" — e qualquer parte do corpo pode vir a ser uma zona erógena, como veremos mais adiante — evidencia bem esse jogo das pulsões parciais que caracteriza a atividade sexual infantil em sua "perversidade polimorfa". Ora, são essas mesmas pulsões parciais que concorrem para o exercício de uma vida sexual adulta "normal". É Freud quem escreve: "Tendo reconhecido quanto as disposições para a perversão estavam espalhadas, vimo-nos forçado a admitir que a disposição para a perversão é a disposição geral original da pulsão sexual. Esta só se normaliza em razão de modificações orgânicas e inibições psíquicas sobrevindas no decurso de seu desenvolvimento... As perversões podem se apresentar seja como o resultado de inibições, seja como o efeito de uma desagregação no curso de um desenvolvimento normal. Essas duas concepções se juntam na hipótese de que a pulsão sexual dos adultos se forma pela integração dos múltiplos movimentos e impulsos da vida infantil..." [10]

Insistimos sobre a estranheza do objeto fetiche, na medida em que ele faz aparecer a dimensão do desejo em toda amplitude de sua realidade paradoxal.

9. S. Freud, «Le Fétichisme», em *La Vie Sexuelle*, P.U.F., 1969, pp. 133-134; *G.W.*, XIV, 312. (A presente tradução se deve a L. Beirnaert, C. Conté, C. Dumézil, A. Lehmann, *Lettres de l'École freudienne de Paris*, n. 4. 1967, pp. 37-42).

10. S. Freud, *Trois essais sur la théorie de la sexualité*, Gallimard, «Idées», pp. 145-146; *G. W.*, V, 132-133.

Se retomarmos passo a passo o encadeamento singular que culmina com a escolha do objeto substitutivo, encontraremos na origem de todos os casos um único e mesmo termo: *o pênis da mãe*. Há de se convir que o termo causa surpresa como referência final, pois não se pode imaginar algo de mais "impensável", de mais naturalmente irreal. Objetivamente, o pênis da mãe não existe e sua natureza consiste na representação de um desejo por parte da criança, uma espécie de falsa hipótese necessária a sua lógica. Certamente não é privilégio dos psicanalistas saber que se vê muitas vezes em sonhos, tal mulher privilegiada (ou anônima) dotada de um fálus. Assim, encontramos como ponto focal da cadeia do desejo pervertido um termo figurado, "pênis da mulher". Sua natureza consiste provavelmente na contradição que contém em seu absurdo e também na sua função de marca ou máscara da falta, que ele põe em destaque, negando-a, e reconhece, desconhecendo-a.

Há um certo interesse em lembrar, a esta altura, que quando Freud tenta definir o movimento que ele chama de desejo (*Wunsch*) evoca a imagem mnemônica de uma percepção (*Erinnerungsbild einer Wahrnehmung*) na qual o investimento (*Besetzung*), reatualizando a percepção, realizaria o desejo. Assim, por exemplo, aproveitando a excitação produzida pela atualização de uma necessidade fundamental como a sede, a recordação reinvestida do ato de beber que mata a sede faria reaparecer a percepção do leite ou da água para a realização do desejo [11].

Vê-se que o objeto que desencadeia o desejo se distingue radicalmente do objeto que serve para a satisfação da necessidade. Se o objeto da necessidade é

11. O aparecimento de certa percepção (o alimento no exemplo escolhido [o da fome]) cuja imagem mnemônica fica associada com o traço mnemônico da excitação, traço esse resultante da necessidade, constitui «um elemento essencial dessa experiência (do tipo de satisfação que põe fim a uma excitação interna). Logo que a necessidade surge de novo, haverá graças ao nexo que se estabeleceu, o desencadear de um movimento psíquico que investirá de novo a imagem mnemônica de cada percepção e provocará novamente a própria percepção, isto é, reconstituirá a situação da primeira satisfação. Este movimento é o que chamamos de desejo. O reaparecimento da percepção é a realização do desejo e o completo investimento da percepção pela excitação da necessidade é o caminho mais curto para a realização do desejo. Nada nos impede de admitir um estado primitivo do aparelho psíquico em que esse caminho é realmente percorrido e onde o desejo, por conseguinte, chega a uma alucinação».
S. Freud, *I.R.*, 481; *G.W.*, II-III, 571.

concebido facilmente de acordo com o modelo do sal
que garante a recloretação de um organismo desidratado
ou do açúcar que faz cessar o estado de coma hipoglicêmico, o objeto do desejo, por sua vez, exige ser concebido de modo totalmente diverso.

No desejo pervertido, a análise freudiana do valor
do fetiche faz aparecer o "pênis da mulher", dado como
objeto de um desejo ou de uma fantasia ao qual a
criança não pôde renunciar. O objeto do desejo pervertido é, portanto, um termo sonhado, fantasiado, alucinado até. Mais geralmente, ainda — como acabamos
de ler em Freud — o objeto que suscita em todos os
casos o movimento chamado desejo é um objeto alucinado ou, mais precisamente, o investimento ou reinvestimento de uma "imagem mnemônica".

Podemos, pois, dizer que é fundamentalmente um
termo paradoxal, um objeto alucinado, que garante essa
função animadora do desejo. Esse termo de importância crucial que não saberíamos dizer no momento se
convém considerá-lo como carne ou verbo, como objeto
ou letra, exige que se questione de maneira nova o
conceito de corpo na medida em que a dimensão do
gozo (*Lust*) — em torno do qual se ordena a própria
possibilidade do desejo em questão — só será concebível em um corpo.

Pode-se enfim observar — antes de chegarmos à
questão da natureza corporal do objeto, causa do
desejo, e para retomarmos a questão já levantada no
início deste capítulo — que a clivagem suposta pelo
conceito de representação se situaria em psicanálise não
entre uma realidade objetiva e sua figuração significativa, mas entre uma realidade alucinada, imagem mnemônica de um objeto gratificador perdido, e um objeto
substitutivo, seja ele uma "fórmula-objeto" como a que
constitui a fantasia, ou um objeto instrumental que
pode bem ser um fetiche. Poderíamos situar mais
radicalmente a clivagem da representação entre a presença da realidade alucinada e a ausência do objeto de
satisfação, entre a recordação da única coisa perdida e
sua tentativa de reencontro em uma encenação repetida.

Vimos, portanto, que o elemento organizador —
e sem dúvida desencadeador — do movimento do dese-

jo (*Wunsch*) é apontado por Freud como um termo que escapa a qualquer apreensão mais simples, objeto imaginário pelo menos. Mas, tendo paralelamente insistido sobre o caráter ilusório do objeto, convém reafirmar a evidência de que a satisfação implicada no ciclo do desejo — seja ela chamada de prazer ou gozo — só se pode realizar (e se conceber) em um corpo.

Mas, qual corpo?

No conjunto descrito sob esse nome pela anatomofisiologia não haveria lugar em suas lâminas descritivas para esse órgão fantasma que é o pênis da mulher, nem haveria lugar no metabolismo das necessidades fundamentais para esse objeto alucinado, que é o seio perdido. Mais especificamente, de que corpo se trata em psicanálise? De um "*corpo concebido inteiramente como zona erógena*", tal qual Freud o escreve em 1938 [12].

A noção de zona erógena, surgida muito cedo nos escritos de Freud [13], designa um lugar do corpo suscetível de ser a sede de uma *excitação de tipo sexual* e, principalmente, as portas do corpo por onde se realizam os estímulos-respostas do organismo sob o signo da emoção e das sensações mais vivas de prazer ou desprazer. Após ter considerado como possivelmente erógeno apenas o conjunto que reveste o corpo, a pele, as mucosas e os orifícios, Freud, analisando os fatos da hipocondria [14], estende, tal possibilidade de ser sede de uma excitação de tipo sexual a todos os órgãos figurados do interior do corpo, possibilidade que o campo psicossomático procura explorar com maior ou menor persistência. Assim sendo, definitivamente, qualquer parte do corpo pode tornar-se erógena ou invertendo a proposição, o corpo todo pode ser considerado erógeno. No entanto, na linha do conceito freudiano de zona erógena, pareceria, de fato, preferível dizer de modo mais preciso que *o corpo é um conjunto de zonas erógenas*.

Mas, tal noção de zona erógena só terá pleno sentido na medida em que a excitação ou a excitabilidade de tipo *sexual* que a caracteriza for corretamente

12. S. Freud, *Abrégé de Psychanalyse*, P.U.F., 1949, p. 11; *G.W.*, XVII, 73.

13. S. Freud, *L.F.*, 52 (de 6 de dezembro de 1896).

14. S. Freud, «Pour introduire le narcissisme», em *La Vie sexuelle*, P.U.F., 1969, p. 88; *G.W.*, X, 150.

definida. Apesar da ampla divulgação hodierna da psicanálise, o fato da sexualidade em sua acepção estritamente psicanalítica permanece desconhecido. Pois sabemos que, seja como for, é difícil livrar-nos da idéia de que o jogo do sexo deveria desenrolar-se na ordem simples de uma complementariedade natural e de uma finalidade reprodutora e que se trataria em suma — como o diz Freud aliás [15] — de uma necessidade fisiológica fundamental exigindo um objeto específico, próprio para satisfazê-lo. Ora, em oposição a essa perspectiva finalista, o próprio Freud — é bom esclarecer — acentua o fato de o prazer que nada de maneira alguma, permite reduzir ao bom exercício da função orgânica. Continuando na linha de J. Lacan, há a formulação pertinente de J. Laplanche e J.-B. Pontalis em seu *Vocabulaire*: "O prazer não pode ser reduzido à satisfação de uma necessidade fisiológica fundamental" [16]. Coloca-se, então, o problema que a psicanálise pôs em destaque de maneira nova: *o que vem a ser o prazer sexual?* Por ora não seria o caso de responder a essa questão, mas o de situá-la.

No contexto da metáfora energética à qual Freud recorre, o prazer é destacado como a sensação que põe fim a um estado de tensão, perfeitamente representado pelo estado de ereção [17]. O fato de recorrer a essa metáfora mostra claramente que o tempo do prazer — ou do gozo — é esse tempo da diferença, entre um ponto maior e um menor de tensão; diferença em si mesma imperceptível, o vivo do prazer; diferença que não é a medida do prazer, mas fundamenta sua possibilidade.

A excitação ou excitabilidade de típo sexual, específica da zona erógena que tentamos caracterizar, deveria ser definida como a propriedade de uma região do corpo de ser a sede de uma diferença imediatamente acessível, sensível, prazer ou desprazer, e poder acolher de algum modo a marca dessa diferença. O corpo surge aqui tal qual o encontramos nas fantasias ou nos delírios — como o grande livro em que se inscreve a possibili-

---

15. S. Freud, *Pulsions et Destins des pulsions*, Gallimard, «Idées», p. 23; *G.W.*, X, 217.
16. J. Laplanche e J.-B. Pontalis, *Vocabulaire de la Psychanalyse*, P.U.F., 1967, artigo «Sexualité», p. 444.
17. S. Freud, «Pour introduire le narcissisme», em *La vie sexuelle*, P.U.F., 1969, p. 90; *G.W.*, X, 150.

dade do prazer, onde se oculta o "impossível saber sobre o sexo" (J. Lacan) [18].

Assim a zona erógena parece se definir como um lugar do corpo em que fica marcada a síncope de uma diferença e, mais precisamente ainda, onde se podem encontrar os termos entre os quais se abre o intervalo do prazer, lábios de uma boca, pálpebras de um olho, pontos esquisitamente diferentes e sensíveis de uma epiderme em alguma praia escondida. A excitação ou excitabilidade da zona erógena pode ser concebida como o apelo — constituído pela fenda, assim aberta e marcada — a um retorno impossível do mesmo prazer. Essa diferença fixada em seu intervalo irredutível vem a ser a própria essência da pulsão sexual no sentido freudiano. Isso que está assim marcado ou inscrito no corpo pode ser considerado tanto como um ponto de apelo como um foco de energia. É o que Freud descreve sob o nome de pulsão parcial a partir de zonas erógenas parcialmente especificadas, ordenadas sob a primazia da zona genital. Deve-se notar aqui que essa primazia genital, dentro da perspectiva psicanalítica, não vem do fato da importância da função reprodutora do aparelho genital. Vem, ao contrário, do privilégio dessa zona na ordem da inscrição ou da procura dessa diferença sensível que é o prazer, pois é o campo eleito das modificações extremas no qual a própria noção de órgão deixou de ter lugar na medida em que a função e sua finalidade aí se desvanecem na ordem do gozo, como será explicado de modo mais circunstanciado.

De fato nada mais tentador — como acontece de ordinário — que confundir o fato do prazer com o bom funcionamento do órgão. No entanto, sabemos que — de acordo com a economia própria de sua ordem — convém que ele seja perfeitamente mudo: a euforia sonolenta da digestão ou, ao contrário, seus tremores angustiantes já constituem uma desordem agradável ou desagradável do bom funcionamento gástrico. De fato, não só a máquina de prazer que lembrávamos há pouco não coincide com o aparelho orgânico mas até, como veremos, parece opor-se a ele fundamentalmente. Para

---

18. J. Lacan, Séminaire de l'École Pratique des Hautes Études, na École Normale Supérieure, 1964-1967, principalmente maio de 1965, inédito. Ver, no entanto, a respeito de «L'Inadéquation du langage à la réalité sexuelle», «Comptes rendus», por J. Nassif, em *Lettres de l'École freudienne*, n. 2, abril-maio 1967; «La Pensée et le Sexe, pp. 22-23.

produzir prazer é preciso que alguma coisa apareça como uma fenda sensível, que um intervalo, uma diferença, um nada seja aberto para poder oferecer por um instante um reflexo vazio do absoluto do gozo, um tempo de anulação de tensão ou, melhor, de desaparecimento dos termos que sustentam o intervalo da diferença. Nesse instante do prazer a diferença parece anular-se a si própria na ilusão de uma "pura diferença" [19]; sob outro ponto de vista, esse tempo pode também ser descrito como síncope ou contratempo no sentido em que, em uma música bem feita, o acento por vezes pode e deve cair — de modo claro ou manifesto — sobre o intervalo que existe entre os tempos figurados ou figuráveis do compasso.

É necessário salientar que a ordem do prazer se inscreve verdadeiramente em contraponto com a ordem orgânica e que, como tal — pelo acento colocado sobre o intervalo dos elementos do sistema — constitui, propriamente falando, a subversão do mesmo. O fato de que os avatares de um prazer oral podem levar em caso extremo a uma desnutrição mortal ilustra perfeitamente essa antinomia latente que se manifesta, em parte, tanto em uma anorexia quanto nos excessos do etilismo. Poderíamos dizer que assim como a ordem orgânica tende a reduzir as tensões de diferenças segundo um programa de homeostase ideal, assim a ordem do prazer tende a valorizar o intervalo sensível através do qual esse mesmo e outro corpo se abrem sobre o absoluto do gozo. O privilégio da zona genital — ao qual teremos de voltar [20] — está ligado ao fato de parecer ao mesmo tempo instrumento de uma função orgânica de reprodu-

---

19. A expressão que emprego aqui por causa de seu valor sugestivo e que evoca a «diferença absoluta» de sabor hegeliano, dever-se-ia aproximar mais do conceito de diferença («diferância»: *différance*) destacado por J. Derrida: «Não se trata aqui de uma diferença constituída mas, antes de qualquer determinação de conteúdo, do movimento *puro* que produz a diferença. *O rastro (puro) é a «diferância» (différance)* (...). Se bem que ela *não exista*, se bem que ela não seja nunca um *sendo-presente* fora de toda plenitude, sua possibilidade é anterior em direito a tudo que se chama de sinal (...) conceito ou operação motriz ou sensível (...). Ela permite a articulação da palavra e da escrita — no sentido usual — e fundamenta a oposição metafísica entre o sensível e o inteligível e entre significante e significado, expressão e conteúdo etc...» J. Derrida, *De la Grammatologie*, Ed. de Minuit, 1967, p. 92. Apesar da distância evidente que separa tanto meu ponto de partida como minha intenção dos de J. Derrida, noto (e isso ficará mais claro no que se segue) a proximidade de nossos caminhos, que pode ser assinalada pelo recurso necessário àquela expressão. Ser-me-ia, porém, impossível no momento assinalar verdadeiramente o ponto desse encontro.

20. Ver Cap. 7, p. 36.

ção e peça mestra de uma máquina de prazer. A esse título, como pedra angular de um corpo erógeno, ela é pois agente e testemunha da subversão da ordem orgânica.

Falta, agora, para uma boa concepção dessa noção essencial de zona erógena, descrever a singularidade da inscrição no corpo. Os termos marca, fixação, são necessariamente utilizados para descrever a instauração e sobretudo a persistência quase indelével da erogeneidade em um ponto do corpo. Já dissemos que qualquer parte do corpo pode tornar-se sede de uma excitabilidade de tipo sexual. Isso pode ser constatado na variedade das histórias clínicas. Mas, em uma história particular, o que dá tal privilégio a uma zona em vez de outra, o que estabelece de algum modo uma hierarquia dos investimentos erógenos e o que singularizaria a primazia genital? Já foi dito que as portas do corpo por sua função de intercâmbio se prestariam, de maneira preferencial e quase necessária, à erogeneização. Sublinhar a predisposição encontrada nos dados anatomofisiológicos não basta, porém, para circunscrever o fato de uma fixação; quando muito serve para fixar nossa atenção sobre o dispositivo que permite a instauração da erogeneidade em uma zona. O processo pode ser descrito simplesmente (embora de modo incompleto) em relação a uma das zonas predispostas, um objeto apropriado apazigua a tensão da necessidade fisiológica manifestada pelo órgão; disso resulta uma satisfação que — ao contrário do apaziguamento proporcionado pelo objeto escolhido do qual não ficará vestígio — se inscreve como espera ou apelo do retorno de um impossível "mesmo". Assim o seio ou a mamadeira vêm apaziguar a fome-sede do bebê; mas, o que resta é o vestígio da satisfação que vai persistir como apelo, antes mesmo que a fome renasça e que se juntará daí para frente à exigência renovada da necessidade como espera distinta.

Já vimos que o prazer, no sentido sexual da palavra, nasce de um jogo com a lembrança da satisfação. Então, é claro que tal prazer é distinto e diferente em seu princípio do apaziguamento da necessidade fisiológica.

Mas, para que uma satisfação se inscreva de maneira decidida como foco de um apelo sem resposta, é necessário um fator suplementar, a saber, que aos olhos de um outro — no caso, aquele que alimenta — o apaziguamento já seja encarado como gozo. A inscrição no corpo é o fato desse valor sexual projetado por um outro sobre o local da satisfação; é nesse projeto do desejo, que supõe o olho ou o seio já marcados pela erogeneidade, que se deve situar a verdade da relação entre dois corpos, que aparece como sexual em sua natureza.

O processo da erogeneização se presta, curiosamente, a uma descrição mais rigorosa, se considerarmos os tempos que se encadeiam para chegar à "abertura" ou "inscrição" de uma zona erógena em algum ponto da pele. Sem dúvida, podemos considerar que a superfície da pele, como um limite que representa o equivalente inverso da borda de um orifício, tem "necessidade" da carícia de uma outra pele; mas, não é esse aspecto que nos interessa acentuar aqui. Imaginemos antes a doçura do dedo de uma mãe a brincar "inocentemente", como nos instantes do amor, com aquela covinha original do lado do pescoço e o rosto do bebê a se iluminar com um sorriso. Podemos dizer que o dedo, com sua carícia amorosa, vem imprimir nessa cova uma marca, abrir uma cratera de gozo, inscrever uma letra que parece fixar a intangível instantaneidade da iluminação. No oco da covinha abre-se uma zona erógena, fixa-se um intervalo que nada poderá apagar, mas sobre o qual se realizará de maneira eletiva o jogo do prazer, sempre que um objeto qualquer venha reavivar nesse lugar o brilho do sorriso que a letra fixou.

Vemos mais nitidamente nesse exemplo que o que torna possível a inscrição erógena é o fato de o próprio dedo acariciador ser para a mãe uma zona erógena: em seu essencial valor libidinal esse dedo pode ser chamado de "porta-letra" ou inscritor, na medida em que — zona erógena da mãe — uma letra fixa em sua polpa o intervalo de uma diferença peculiar. O "projeto do desejo", que evocávamos há pouco de modo aproximativo, se decompõe facilmente nesse último exemplo.

Como acabamos de ver, o efeito desse projeto — qual um impacto sobre o corpo visado — é a abertura ou a "criação" de uma zona erógena. Isso equivale a dizer que a zona erógena — quer se trate da erogeneização de um orifício ou de um ponto da pele — pode ser definida como um lugar do corpo onde o acesso à "pura diferença" (experiência do prazer) que aí se produz fica marcado por um traço distintivo, uma letra, que se pode dizer estar inscrita nesse lugar ou colocada em sua abstração do corpo. Veremos mais adiante que a letra assim concebida constitui ao mesmo tempo o limite e o acesso ao gozo.

Por ora contentemo-nos em sublinhar que *esta definição de zona erógena gira em torno da imediatez do acesso à "pura diferença" que ela estigmatiza*. Como é preciso admitir que, fora desse contexto, qualquer referência à "pura diferença" é necessariamente mediata e, por isso mesmo, supressão ou anulação da diferença como tal, podemos ter uma idéia do extraordinário privilégio do que permanece marcado como erogeneidade. A definição freudiana da zona erógena como lugar de uma excitação ou excitabilidade de tipo sexual corresponde a um modo descritivo do mesmo privilégio, onde o sexo é tomado como nome da diferença.

Metaforicamente, podemos dizer que um intervalo é fixado no lugar em que se produziu a diferença e o jogo do desejo vai poder se desenrolar em torno do cerco desse vazio, dentro da regra de seus engodos. É antes de tudo a ilusão retrospectiva de um primeiro objeto perdido em cuja falta se originaria o movimento do desejo: engodo, acabamos de ver, porquanto o agente da abertura é uma letra que a imprime ou fixa e não um objeto que esconde ou oculta a hiância (*béance*) *. Contudo, a objetalidade do dedo que acaricia — mesmo nessa "primeira" ocorrência — não pode ser contestada, porquanto não é ela que constitui essa "primeira" falta e sim a letra que tornou o dedo erógeno. É o objeto enquanto tal que se manifesta em seguida "em lugar" dessa *letra perdida*; seu efeito, no campo erógeno, é reavivar a emoção da diferença, fazer voltar a síncope do prazer.

A letra perdida é substituída, pois, por um objeto indiferente — de fato não importa qual — que só

* *Béance* = abertura. Criamos: «hiância» a partir de *hiante* = boca aberta (N. dos T.).

pelo seu valor de objeto parece estar qualificado para chamar de novo o prazer.

É verdade que, num segundo tempo, o ciclo das repetições chega à eleição de um objeto determinado, substitutivo e, ao mesmo tempo, estranho à primeira letra. Para substituir ao mítico primeiro seio perdido, qualquer coisa que se leve à boca pode servir, até o dia em que a escolha se fixe na orelha do macaco de pelúcia que passa a ser, por um tempo às vezes bem longo, o novo mediador obrigatório de todas as satisfações [21].

Que qualquer objeto possa, em princípio, desempenhar tal papel no jogo do prazer é algo que pode surpreender mesmo quando encontramos a afirmação de Freud: "Com relação à pulsão, o objeto é o fator mais variável que a ela não se liga primitivamente. Prende-se a ela apenas em virtude de sua aptidão para permitir a satisfação... No curso das vicissitudes da pulsão, o objeto está sujeito a ser mudado à vontade"[22]. Necessário se faz parar neste paradoxo para perceber que não é tal determinação do objeto que está em jogo no ciclo do desejo, mas sim *sua qualidade própria de objeto*. Uma nova questão surge aqui, a saber, o que vem a ser um objeto na estrutura do prazer. Tentaremos responder a isso no capítulo seguinte. Por ora contentar-nos-emos em esboçar as linhas de uma possível resposta.

Assim como a letra acaba de ser situada em sua acepção psicanalítica como um traço que constitui e marca, em um lugar do corpo, o afloramento do prazer na imediatidade de uma diferença peculiar, assim o objeto, na economia do inconsciente, deve ser de início distinguido pela função que desempenha relativamente ao estigma que a zona erógena constitui.

Dentro dessa perspectiva podemos dizer que — contrariamente à letra que parece fixar a diferença (irredutível por natureza) — o objeto tende a ocultá-la ou apagá-la. O objeto disfarça a intangível diferença; ele se dá por real, "nada" objetal que convém ao zero,

---

21. Sobre a questão desse objeto, pode-se consultar D. W. Winnicot, «Objets transitionnels et phénomènes transitionneles» (tradução de R. Lefort e V. N. Smirnoff), *La Psychanalyse*, P.U.F., 1959, v. 5, p. 21.

22. S. Freud, *Pulsions et Destins des pulsions*, Gallimard, «Idées», p. 19; G.W., X, 215.

"indivisível" (*insécable*) * (J. Lacan) [23] e perfeitamente separado; ele é essa alguma "coisa", *res* ou ninharia, cuja insignificância corresponde, em sua opacidade, à essencial diferença que ela tem por missão ocultar.

Nada estranho pois que o objeto, em sua acepção comum, designe esse termo da realidade que o indivíduo é em sua densidade e sua (relativa) coerência orgânica, na medida em que o "barulho da vida" dissimula a morte que o anima. Mas o que importa entender aqui é que o corpo físico, em sua superfície e densidade, é oferecido ou resiste, suporta em todo caso a inscrição-incisão erógena do mesmo modo que a página do livro sustenta e faz aparecer — em certo sentido, constitui — a letra que nela se inscreve.

Partindo da elucidação da noção de erogeneidade, podemos pressentir aqui a intrincação profunda da letra e do objeto, sobre a qual teremos de falar de diversas maneiras.

O corpo de que se trata em psicanálise deve ser concebido, dizíamos nós com Freud, como um conjunto de zonas erógenas. É bem assim, aliás, que o representam essas construções oníricas, de estilo surrealista, em que se juntam de modo singular uma mão e uma boca, olhos e dedos, maxilares e rins ou, ainda, o cérebro e o ventre.

Mas a interrogação sobre essa noção de zona erógena faz com que apareça essencialmente sua dimensão contraditória de lugar de uma atopia. De um lado a "pura diferença", ou anulação, é localizada graças ao privilégio único do acesso imediato que constitui o fato do gozo, onde se apaga toda referência tópica; de outro lado, porém, resta alguma coisa em algum lugar do corpo, como limite e acesso (medido) a *esse foco vazio*

* *Insécable,* literalmente: «que não se pode cortar» (N. dos T.).

23. Essa característica do objeto (entre outras qualificações: irredutível, não especularizável) que foi destacada por J. Lacan (Séminaire de l'École pratique des Hautes Études à l'École Normale Supérieure, inédito) se refere por um lado ao efeito do corte considerado sob um ponto de vista topológico (5 de janeiro de 1966); por outro lado à definição do sujeito do inconsciente como dividido (*refendu*): objeto como engaste do sujeito (25 de maio de 1966); finalmente à divisão (*sexus, sectus*) do sexo (16 de novembro de 1966).

em que se assegura ou se revela para cada um a falta de uma letra.

Vemos assim se desenhar correlativamente à insistência do fato erógeno, tanto a letra como o objeto: um em função de fixação, o outro em função de ocultação.

A letra assim concebida (para falarmos provisoriamente apenas dela, excluindo os conceitos psicanalíticos de objeto e de sujeito) *não poderia se ver desligada de seu essencial valor erógeno*. É preciso constatar que essa acepção que se impõe ao psicanalista quase não corresponde àquela que é comumente aceita. Mas a distância que separa o uso habitual do sentido estrito — que, a meu ver, lhe convém atribuir no inconsciente — é facilmente reconhecida se considerarmos (como teremos ocasião de fazer amplamente no Cap. 6) que o traço da letra se desenha "originariamente" como uma barra que fixa e anula o gozo. Basta, então, deixarmo-nos levar por essa função essencialmente *recalcante* da letra, para tomá-la, no outro extremo do percurso, como um termo "puro" de toda implicação sexual.

Tomar o corpo ao pé da letra é, em suma, aprender a scletrar a ortografia do nome composto pelas zonas erógenas que o constituem; é reconhecer em cada letra a singularidade do prazer (ou da dor) que ela fixa e nota ao mesmo tempo, a série dos objetos em jogo.

4. O CORPO DA LETRA OU O ENREDO DO DESEJO DA LETRA

Qualquer objeto pode, em princípio, desencadear o movimento do desejo; a curva de um ombro ou um pedaço de borracha, o cabelo ou o pé, o outro sexo, mas também o próprio, podem, conforme os corpos, evocar o prazer. Diante dessa constatação que a clínica impõe contra toda primeira evidência é necessário admitir que é a própria qualidade do objeto que está fundamentalmente em questão quando está em jogo o prazer.

O objeto de que falamos é o termo ao redor do qual se desenvolve o ciclo do desejo e, pelo menos por agora, só poderia ser definido em função da zona erógena, esse elemento principal, constitutivo do corpo de prazer. É isso que já havíamos esboçado ao evocarmos sua função de ocultação do intervalo erógeno [1].

Diferente, necessariamente, da diferença que reaviva como prazer de zona, o objeto deve ser concebido como elemento estranho ao corpo que ele excita. Nessa noção de estranheza, não se pode deixar de salientar de passagem a verdadeira origem da fantasia de complementaridade pela qual comumente se fecha a questão do desejo. Tanto isso é verdade que a representação de uma boca aberta enchida pelo seio basta de ordinário para acalmar toda tentativa de pensamento. O objeto é fundamentalmente o outro corpo cujo encontro atualiza ou torna sensível a dimensão essencial da separação. Se a zona erógena pode ser concebida como esse limite que circunscreve a diferença sensível em sua irredutibilidade essencial, o objeto, por sua vez, constitui o termo de uma separação mensurável e, de certa maneira, redutível até à anulação de um encontro. Se o intervalo que faz a diferença sensível dos dois lábios não pode jamais ser reduzido e menos ainda suprimido, o intervalo que separa a boca do objeto que saciará seu desejo pode, por sua vez, ser reduzido até chegar à anulação de toda distância.

O objeto parece se caracterizar por sua qualidade de estar separado na medida em que o intervalo dessa separação faz surgir a dimensão do espaço ao mesmo tempo que a anulação possível do intervalo que ali se inscreve. Mas essa separação do entre-dois-corpos através da qual se revela o modelo primordial da alteridade não basta para explicar o fato de que o objeto apareça na prática, não somente como outro corpo — em sua coerência ou em sua unidade orgânica — mas muito mais freqüentemente como um pedaço por sua vez desprendido ou caído do conjunto (J. Lacan) [2]. Assim, o seio, para retomarmos o exemplo sugestivo, se acha — contrariamente à anatomia aparente — literalmente separado do conjunto do corpo materno pelo lactente que dele se alimenta. Tudo se passa como se a clivagem da separação do entre-dois-corpos se achasse projetada sobre os limites do objeto que provê a

1. Ver Cap. 3, p. 62.
2. J. Lacan, *Écrits*, Seuil, 1966, p. 10 e *D'une question préliminaire à tout traitement possible de la psychose*, ibid., pp. 553-554.

satisfação da pulsão oriunda da zona erógena oral: a partir daí — como qualquer chupeta — o seio se acha desligado e, como tal, ao mesmo tempo, qualificado como um objeto em torno do qual poderá girar e satisfazer-se o circuito do prazer da boca.

Vê-se que assim como qualquer parte do corpo é uma zona erógena — portanto uma "letra" em potência — paralelamente qualquer parte do corpo pode se tornar objeto. Mas ao passo que para ter a função de letra, a zona corporal deve fixar ou limitar uma diferença sensível, de algum modo intrínseca, e fundamentalmente irredutível, o mesmo ponto do corpo, para adquirir função de objeto, deve se distinguir do conjunto por uma diferença extrínseca, análoga ao intervalo da distância do entre-dois-corpos. Vimos, no exemplo do seio, que a separação do objeto não é necessariamente, como o demonstrou J. Lacan [3], o fato de um corte real, mas essencialmente o de uma clivagem que o separa do conjunto erógeno para convertê-lo em um termo que se torna — a partir daí e por todo o tempo de sua exclusão — inerte e "indivisível" (*insécable*), fora do alcance de uma nova diferença sensível como aquela que se inscreve, como erógena, sobre o corpo.

Dois tipos de intervalos bem diferentes entram, portanto, em jogo na economia do prazer: de um lado, o intevalo que marca a separação do objeto com relação ao corpo (variante do entre-dois-corpos), do outro, o intervalo da diferença sensível capaz de se inscrever no corpo como zona erógena.

Ao ser assim distinguido, "diferenciado", por uma espécie de clivagem extrínseca, o objeto parece se tornar o representante tangível — poderíamos dizer o complemento positivo — da irredutível diferença intrínseca que limita a zona erógena. O objeto — pela indivisibilidade (*insécable*) que oferece em suas formas derivadas, a uma manipulação conceitual ou concreta — mantém uma relação privilegiada com a diferença inapreensível que faz a sensibilidade peculiar da zona erógena. Essa relação — impossível de ser qualificada de maneira unívoca — entre a letra e o objeto surge como um

---

3. J. Lacan, «Position de l'inconscient», em *Écrits*, Seuil, 1966, pp. 847-848.

modelo daquela que constitui a relação sexual propriamente dita [4].

Vemos se desenhar aqui a definição da qualidade objetal. Sua função, na economia da libido — existe um tipo de eixo *indiferente*, ao redor do qual se reflete o ciclo do desejo (ou, mais precisamente, o circuito da pulsão [5]) — acentua de uma só vez a neutralidade (indiferença) intrínseca do objeto e, correlativamente, a sua determinação por uma espécie de clivagem "extrínseca". Desta forma, podemos dizer que o objeto, como parte (pedaço separado) do corpo, *representa* (no sentido comum da palavra) a dimensão de alteridade essencial implicada na concepção do corpo erógeno. Se uma organização das zonas erógenas, qual um conjunto de letras, é apenas sustentada por uma alteridade fundamental em referência a um termo faltante (como veremos detalhadamente mais adiante [6]), podemos dizer que o objeto — como já foi anotado — surge "no lugar" da letra perdida e representa assim de maneira imediata a alteridade ou ainda a estranheza.

Além disso, podemos observar que essa interrogação sobre a qualidade própria do objeto faz surgir o enredo profundo entre a função literal e a função objetal, na medida em que o objeto se define como aquilo que aparece no lugar da letra perdida. De modo inverso poderíamos dizer que o objeto, por sua opacidade, representa segurança no lugar da falta.

Não é tão fácil imaginar esse jogo em torno da instantaneidade da anulação realizada pelo prazer. Dizer que a letra fixa a diferença e que o objeto dá a impressão de a garantir ocultando-a, pode parecer a alguns algo muito fora dos problemas colocados pelo exercício da psicanálise.

Por uma abordagem mais clínica tentaremos deduzir como funcionam o objeto e a letra no decorrer de uma análise. Incidentalmente veremos que tal modo de agir faz aparecer necessariamente — no desdobramento das formações intermediárias entre o consciente e o inconsciente, fantasias, sonhos e sintomas — o nível

---

4. Poderíamos acrescentar aqui que esta descrição de um modelo da **articulação** mais importante que é a conjunção sexual abre uma possível pista para a interrogação sobre a natureza das articulações lógicas.

5. J. Lacan, Séminaire de l'École pratique des Hautes Études à l'École Normale Superieure, inédito, 13 de maio de 1964.

6. Cap. 6, p. 119 e s.

derivado ou secundário que é, propriamente dito, aquele da maneira clínica de agir.

Quando Freud, em seu esforço de análise de "O Homem dos Lobos", esclareceu a "cena de Grouscha", pôde considerar "acabada a tarefa do tratamento" [7]. Com efeito, ele descobrira um acontecimento do qual o paciente se recordava realmente — "sem intervenção alguma do analista" — e que se apresentava como o primeiro efeito localizável da cena primitiva suposta, quase uma prova diríamos, da justeza de sua hipótese.

Consideremos detalhadamente a descoberta e o conteúdo dessa cena com Grouscha. Freud e seu paciente estavam ocupados em retomar uma vez mais a recordação, permanecida enigmática, de um dos sintomas da infância, da mesma época do medo dos lobos: a fobia das borboletas que já relembramos. "Um dia, conta Freud, ele corria atrás de uma grande e bonita borboleta, de asas listradas de amarelo, terminadas em ponta. Queria pegá-la. (Era sem dúvida uma papílio.) De repente, no momento em que a borboleta pousou em uma flor, sentindo terrível medo do bichinho, fugiu aos gritos" [8].

Apesar de inúmeras tentativas, a borboleta — *Babotchka* em russo, parecido com *Babouchka* que significa vovozinha — guardava seu segredo. Um belo dia, aparece tímida e indistintamente uma espécie de reminiscência [9]: "Quando bem pequenino — antes mesmo de ter sua Nanie — ele devia ter tido uma pajem que o estimava muito. Ela tinha o mesmo nome que sua mãe. Ele correspondia certamente à sua ternura. Era, pois, um primeiro amor desaparecido no esquecimento. No fundo chegamos a um acordo quanto ao seguinte: nessa época dever-se-ia ter passado alguma coisa que mais tarde se revestira de importância. Posteriormente ele retificou a recordação. Essa moça não podia ter tido o mesmo nome que sua mãe. Era um erro de sua parte que indicava, é claro, que em suas recordações ela se confundira com sua mãe. Ele devia ter pensado de repente num guarda-comida que se achava na primeira propriedade rural, no qual se guar-

7. S. Freud, «Extrait de l'histoire d'une névrose infantile», em *Cinq Psychanalyses*, P.U.F., 1954, p. 397; *G.W.*, XII, 128.

8. *Ibid.*, P.U.F., p. 332; *G.W.*, XII, 39.

9. *Ibid.*, P.U.F., p. 394; *G.W.*, XII, 123-124.

davam frutas, após a colheita. Pensara também em certa espécie de pera bem gostosa, cuja casca trazia umas listras amarelas. Em sua língua, pera se chama *Grouscha*. Era esse também o nome de sua empregada". Freud conclui: "Por aí se via claramente que por detrás da recordação-encobridora da borboleta (listrada de amarelo) perseguida se dissimulava a lembrança da jovem empregada". Por fim, "no meio daquilo que sua memória conservara, logo surgiu a recordação de uma cena incompleta, mas distinta. Grouscha estava de joelhos, no chão. Junto dela havia um vaso de flores e uma pequena vassoura feita de galhos amarrados. Ele estava por ali e ela o provocava ou ralhava com ele". Antes de relatar, textualmente também, a reconstituição integral da cena com Grouscha feita por Freud, acrescentarei algo que qualquer leitor aceita: não há detalhe algum dessa recordação que escape à análise. Assim, a vassoura pequena feita de galhos conduz aos feixes de lenha da fogueira de João Hüss e essa morte do herói pelo fogo conduz à enurese. Vejam como Freud reconstitui e analisa o conjunto da cena [10]: "Quando viu a jovem empregada de joelhos, esfregando o chão, suas nádegas proeminentes e o dorso em posição horizontal, reviu nela a atitude tomada por sua mãe durante a cena do coito. Ela lhe representou sua mãe. Em razão da reativação dessa imagem, a excitação sexual se apoderou dele. Ele tomou atitude de macho com relação a ela, como seu pai, cuja ação, outrora, ele não pudera compreender, vendo nela apenas a ação de urinar. (Ele urinou, então, no quarto.) Urinar no assoalho era, no fundo, uma tentativa sua de sedução e a empregada reagiu a isso com uma ameaça de castração, como se tivesse compreendido a criança".

Freud encontra, nessa cena com Grouscha, uma possível prova da realidade da observação feita pela criança, em tenra idade, de um coito *a tergo* entre seus pais. "A cena com Grouscha, o papel que lhe cabe na análise e os efeitos que se seguiram na vida do paciente se explicam de maneira menos forçada e mais completa se admitirmos que a cena primitiva — que em outros casos poderia ser fantasia — tenha sido, nesse caso, uma realidade" [11].

10. *Ibid.*, P.U.F., p. 396; *G.W.*, XII, 126.
11. *Ibid.*, P.U.F., p. 399; *G.W.*, XII, 130.

O que vem reforçar ainda mais a hipótese de Freud é certamente a constância e a força de atração que exercia sobre seu paciente — durante toda a vida — a cena de uma mulher ajoelhada, apoiada nas mãos, com as nádegas proeminentes. Foi assim que ele se apaixonou por Matrona e, do mesmo jeito, foi tomado por um desejo de rara violência ao encontrar uma lavadeira à beira de um riacho, sem sequer ter visto seu rosto.

Pelo excesso dos traços que esboça, o exemplo do Homem dos Lobos — inflamando-se instantaneamente com um desejo irreprimível à simples visão de uma mulher de cócoras — nos apresenta o objeto em sua função de causa do desejo, tal qual a demonstrou J. Lacan [12]. Nesse caso, o objeto quase tem valor de fetiche.

Para explicar a perfeita definição desse objeto, a permanência de seu poder, basta referir-se, como o faz Freud, à impressão deixada pela cena — realmente observada na idade de um ano e meio — de uma relação sexual dos pais, feita por detrás? Sabe-se que Freud não cessou de se interrogar sobre a verossimilhança de tal reconstituição e de hesitar sobre a questão de saber se se tratava de uma elaboração fantasmática a partir de observações banais ou então, ao contrário, de um acontecimento real da história do paciente. Por outro lado, ele se interrogou também a respeito de "como uma criança, nessa idade, é capaz de recolher percepções relativas a um processo tão complicado e de conservá-las tão fielmente em seu inconsciente" [13]. Para Freud é certo que, nessa ocasião, uma impressão, uma espécie de traço indelével — a posição da mulher — foi gravada e conservada. Mas, o como e o por quê não estão bem definidos a não ser pelo recurso — mais implícito que explícito — à teoria do trauma. O que determinou a marca deixada foi certamente o fato de que tal cena tenha sido sexual, e, sobretudo, que ela teria sido sentida pelo espectador ainda pequeno como "forte" e violenta demais e, de algum modo, não assimilável para economia libidinal da criança. "A

---

12. J. Lacan, «Kant avec Sade», em *Écrits*, Seuil, 1966, p. 775.

13. S. Freud, «Extrait de l'histoire d'une névrose infantile», em *Cinq Psychanalyses*, P.U.F., 1954, p. 350; *G.W.*, XII, 65.

libido da criança foi como que estilhaçada por aquela cena" [14].

No entanto, algumas linhas depois, deparamo-nos com uma precisão sobre dois aspectos do caráter traumático da cena:... "Ante o ar de contentamento de sua mãe, ele teve de reconhecer que se tratava não de um ato de violência mas de uma satisfação. A novidade essencial trazida pela observação das relações entre seus pais foi a convicção da realidade da castração".

Gostaria de propor aqui uma descrição mais completa do tempo que aparece como a fixação virtual, mas indelével, de uma impressão. Esta mesma fixação se apresenta simultaneamente como a determinação irrevogável do objeto do desejo sexual. Basta-me, aliás, para fazer isso, retomar ao pé da letra o ensinamento da descoberta freudiana.

Assim existem motivos para se pensar que, na idade de um ano e meio, a criança já estava libidinalmente ligada a sua mãe e, ao que tudo indica, de uma maneira particularmente estreita. Tenho por mim como muito provável — para não dizer certo — que ele foi, desde cedo, "seduzido" por ela e não somente por sua irmã. Por isso mesmo, ele se viu precocemente investido por ela como pequeno fálus, letra e objeto do neurótico desejo maternal [15], e o sintoma disso poderia ser a inapetência dos primeiros meses.

Para a criança, essa situação privilegiada de ser assim promovido pela mãe à condição de um pequeno deus, constitui também uma situação fechada; isso porque uma tal conjuntura apaga, pela intensidade do gozo atingido, o efeito das insatisfações onde nasce o desejo. O ídolo-criança se vê assim preso numa espécie de relicário precioso cujo invólucro o isola de um verdadeiro acesso à realidade da letra; em outras palavras, a via de um compromisso singular na ordem do desejo parece lhe estar fechada.

Sendo esta a situação libidinal da criança — sumariamente esboçada no quadro do complexo de Édipo — o espetáculo da cena primitiva é traumático enquanto

14. *Ibid.*, P.U.F., 356; *G.W.*, XII, 71.
15. Desenvolvi tal interpretação em S. Leclaire, «Les éléments en jeu dans une psychanalyse», em *Cahiers pour d'analyse*, n. 5, nov.-dez. 1966, pp. 17-24.

representa uma catástrofe amorosa. Se essa mãe que o tem como objeto querido sente prazer com um outro, o seu mundo desmorona... a não ser que ele encontre uma defesa para esse golpe fatal. Penso que na ocorrência sua única defesa foi gritar: "Merda! não é ela". "Merda": é o que ele faz imediatamente, supõe Freud. "Não é ela": é a pedra que ele coloca para fundamentar retrospectivamente o mundo que pretende preservar. Com essa afirmação, nega a identidade de sua mãe e coloca o corpo da mulher agachada como objeto.

Esse "não é ela", de onde surgiu o objeto, supõe como estabelecida a afirmação de um "é ela". Mas em que se baseia, de fato, esta fórmula do reconhecimento, esta identificação de uma pessoa em sua singularidade? Sem dúvida, deve ser essencialmente sobre o nome "mamãe" no caso, ou qualquer outro diminutivo. Pode ser também — e com igual possibilidade — sobre uma série de "sinais particulares" como aqueles que se mencionam nas fichas de identidade: assim uma verruga preta sobre o nariz, como a que aparece — um pouco tarde, é verdade — na mãe do "Homem dos Lobos", um contorno da boca, uma fileira de dentes, só para lembrarmos elementos que desempenham um papel importante na história desse paciente. Podem também ser particularidades que parecem mais acidentais, como a ladainha lamuriosa: "Eu não posso mais viver assim". Esta frase ele a ouviu sua mãe dizer a um médico e retomou esta fórmula para se identificar a ela quando, por acaso, acontecia sujar-se. "Ela" é aquele nariz, aquela boca, aqueles dentes, aquela lamúria e outros detalhes ou fragmentos cuja enumeração secreta constitui para cada amante, por mais jovem que seja, a evocação verdadeira da pessoa amada: um sinal da pele, o calor de um braço, certo perfume sensual, o contorno de uma sobrancelha, a modulação de uma voz. Poder afirmar "é ela" (ou "é ele") é tomar como um conjunto privilegiado essa soma de traços como tantas letras ou monemas [16] que formam o nome verdadeiro e secreto do outro ser amado e desejado. *Esse nome é também o corpo* concebido como conjunto de letras, de zonas erógenas.

16. Termo utilizado por Martinet para designar a unidade lingüística mínima. A. Martinet, *Eléments de linguistique générale* (2ª ed.) A. Colin, 1961, p. 20.

Correlativamente, a urgência libidinal do "não é ela" — formulada como denegação — exige ser de fato considerada como uma deslocação, para retomarmos a imagem com que Freud descreve o efeito traumático da cena primitiva. Propriamente falando, é o nome da mãe que sob o efeito da recusa — ou da impossibilidade — de aceitar a realidade, "voa em estilhaços". O conjunto de traços que acabamos de conceber como nome se desagrega bruscamente para ser substituído por um só elemento verdadeiramente anônimo: um traseiro proeminente. Ao vazio insuportável deixado pela deslocação do nome — ou o efeito do não — substitui um termo objetal que não apresenta intrinsecamente nenhuma articulação, mas concretiza essa unidade opaca, bem feita aliás — como veremos depois — para disfarçar o vazio e, ao mesmo tempo, servir de apoio ao real. Pode-se também conceber que as nádegas proeminentes de uma mulher anônima se tornem para o "Homem dos Lobos" o termo eleito que desencadeia automaticamente o ciclo do desejo. O objeto surge aqui, em sua finitude inerte, como o elemento concreto que garante de maneira central, em correlação com a articulação literal, no lugar do nome, uma função estável na economia do prazer. Nós ainda voltaremos a isso [17].

Penso, aliás, que o processo que venho descrevendo para explicar a determinação do objeto é encontrado de maneira quase constante nas histórias libidinais que estão na origem das neuroses. O que varia é o momento em que se produz a seqüência e, seguramente, a própria articulação literal. Assim, para o homossexual masculino cujo objeto é o pênis, sua identidade contestada, surgida em circunstâncias diversas, parece referir-se ao pai ou, mais precisamente ainda, a seu nome: não é ele. A essa "desconstrução" corresponde a eleição do objeto-pênis como substituto do "nome do pai" [18] e sustentáculo do desejo. De maneira mais geral ainda aparece claramente que, nas evoluções ditas normais, a determinação do objeto sexual participa desse processo. Assim, para o homem, a atração eletiva por certo tipo de corpo feminino implica sempre, mais ou menos,

17. Cf. Cap. 6, p. 105 e s.
18. Sobre o uso dessa expressão por J. Lacan, veja-se, entre outros J. Lacan: *a)* «Subversion du sujet et dialectique du désir», em *Écrits*, Seuil, 1966, p. 812 e nota 2. *b)* «La Science et la Vérité», *Ibid.*, p. 874 e nota.

um "não é ela minha mãe", como modo de reconhecimento da relação incestuosa, da mesma maneira que, para uma mulher, o homem como objeto sexual resulta sem dúvida de um "não é ele meu pai".

O objeto, cuja natureza questionávamos, apresenta-se à análise desse caso em sua correlação essencial com a letra. Já formulamos, por essas razões, o esboço de uma teoria [19] e, dentro de uma perspectiva sistemática, teremos de retomar mais adiante essa questão das relações entre a letra e o objeto.

Por ora, voltemos à questão da letra e, precisamente, à consideração de seu modo de presença no texto da própria psicanálise. *A história de uma neurose infantil* valoriza uma letra ao menos, em sua acepção mais "literal", pela singularidade que adquire para o "Homem dos Lobos". Em torno dela se desenvolvem variações que se agitam, por assim dizer, em volta de um só traço. Trata-se do cinco romano: V que Freud isola quando o paciente evoca de novo o movimento — inquietante para ele — das asas de uma borboleta pousada sobre uma flor: "O paciente fez observar que esse fato de abrir e fechar as asas como havia feito a borboleta, quando pousava sobre uma flor, era o que causara nele aquela impressão inquietante. Dir-se-ia uma mulher que abre as pernas, formando um cinco romano, V. Nós sabemos — prossegue Freud — que isso equivalia à hora (a quinta hora) em que, desde os tempos de criança, seu humor costumava se tornar sombrio".

Essa passagem imediata das asas às pernas de mulher e de lá ao sinal da quinta hora ilustra bem a função literal do V.

Esse traço que se quebra em forma de um ângulo agudo parece ser para o "Homem dos Lobos" não apenas a figuração mas, sobretudo, a cifra ou a letra de um movimento de abertura-fechamento, no sentido em que se fala de uma letra para a "combinação" de uma fechadura com segredo ou, ainda, do número de um código. Ao redor dessa letra circulam momentos essenciais de sua análise: a angústia do pesadelo com os lobos chega ao auge no instante em que "de repente a janela se abre por si mesma". Freud, baseando-se literalmente no termo da abertura, interpreta logo esse

19. Cf. Cap. 3, pp. 62-63 e Cap. 4, pp. 65-68.

tempo como: "Os olhos se abrem de repente" [20]. Esta interpretação remete ao momento do despertar que inaugura a visão da cena primitiva do mesmo jeito que o movimento de abertura marca o momento do despertar que põe fim ao pesadelo. Sem dúvida, poderíamos dar atenção apenas ao valor figurativo desse traço; mas isso seria o mesmo que nos expormos a desconhecer o essencial de sua função de sinal formal ou de "mola" da combinação inconsciente, para retomar a imagem da serralharia. Pelo resto, no texto do sonho, como em um segredo mal guardado, essa letra parece insistir por ela mesma: de um lado no nível da literalidade gráfica do W inicial da palavra lobo em alemão, *Wolf* [21], e de outro, no nível do desenho que o paciente faz para representar seu sonho, onde as orelhas atentas, bem abertas, são desenhadas como dois V de cabeça para baixo e unidos por um traço ΛΛ. Enfim, a letra insiste ainda no fato de que somente cinco lobos, V, são representados na gravura. E na narração fala-se de seis ou sete animais. Podemos considerar que "o medo do lobo", em sua concisão tradicional, é bem evocado no sonho como medo de ser comido pelo lobo. É a ocasião para o paciente lembrar aquela figura de um lobo em pé ilustrando o conto do chapeuzinho vermelho. Essa figura lhe dava medo quando pequeno. Um V deitado: <, é assim, ainda, a representação sumária de uma goela aberta, vista de perfil, seja de lobo ou de crocodilo. Ao redor do movimento de abrir ou de fechar, do qual o V parece ser tanto a representação como a letra, já se entrevê uma multiplicidade de determinações. Cada uma delas diz respeito a uma porta do corpo, isto é, uma zona erógena.

Abrir, fechar a boca, se enraíza bem longe na experiência particular do paciente. Em sua primeira infância, antes dos três meses, por pouco escapou de morrer de uma broncopneumonia. Segundo narração da família, já se havia preparado sua mortalha. Nesse tempo fora uma criança, senão sem apetite, pelo menos difícil de se alimentar. Isso leva a supor que — como muitas outras crianças desde muito cedo fixadas no impasse do

20. S. Freud, «Extrait de l'histoire d'une névrose infantile», em *Cinq Psychanalyses*, P.U.F., 1954, p. 393; *G.W.*, XII, 123.

21. *Ibid.*, P.U.F., p. 347; *G.W.*, 61. Pode-se notar aqui, passando pelo latim, que a insistência do V faria aparecer *vulpus* no lugar de *lupus;* isso poderia ajudar a interpretação do desenho do sonho em que os lobos são representados como raposas.

desejo pelo amor neurótico da mãe — ele brincava com a possibilidade de não abrir a sua boca. E todo mundo conhece as manhas ingênuas das mães ou babás para provocar a abertura da boca e, às vezes mesmo, para fechá-la. Abrir as orelhas, senão fechá-las, é representado claramente no sonho pelas orelhas erguidas dos lobos, como as dos cães quando atentos a alguma coisa. Podemos imaginar que o paciente estava igualmente atento quando, no silêncio ou fingindo dormir, espiava a respiração ofegante dos seus pais. Abrir, fechar os olhos, é duplamente representado no sonho — quer pela abertura da janela, quer pelo olhar fixo e imóvel dos lobos. Essa abertura dos olhos e essa contemplação fascinada e angustiante fazem lembrar — e Freud não duvida disso — o olhar da criança voltado para a cena primitiva do coito de seus pais: "Ele acabava de dormir em seu berço no quarto de seus pais. Despertou talvez por causa do aumento da febre, à tarde, talvez na V$^{\underline{a}}$ hora, marcada mais tarde por um estado de depressão. Os pais se teriam retirado, quase sem roupa, para uma sesta. Isso se enquadraria bem com a hipótese de um dia quente de verão. Acordando, ele foi espectador de um coito por detrás, repetido três vezes. Teve a oportunidade de ver o órgão de sua mãe e o membro de seu pai e compreendeu o processo e o seu significado. E, finalmente, perturbou as relações de seus pais de uma maneira da qual se falará mais tarde (fazendo cocô e gritando)" [22].

Abrir, fechar os olhos, as orelhas, a boca, parecem se inscrever nesta única letra V (ou esta cifra V), como se o traço anguloso, mais que representar a abertura, marcasse com sua fenda o impalpável intervalo que cria o tempo sensível da passagem da abertura para o fechamento; ela é, em todo caso, uma das molas eficazes da "barganha" inconsciente do "Homem dos Lobos".

Por último, a insistência dessa letra se encontra de novo na série dos V e W, desde as asas das borboletas até às asas mutiladas das vespas (*Wespe*) que, por engano, ele chama de *Espe*, com suas próprias iniciais: S.P. [23] Vamos encontrá-la também na seqüência dos *Wolf* ou *Wulff*, diretor de escola, médico ou

22. *Ibid.*, P.U.F., p. 350; *G.W.*, XII, 64.
23. *Ibid.*, P.U.F., p. 397; *G.W.*, XII, 128.

dentista, que deixarão marcas em sua existência, pelas mais diversas razões, mas essencialmente, parece, por causa da grafia de seus nomes. Além disso, o W de cabeça para baixo — virado como o personagem fantasmático eroticamente manipulado por sua babá [24] — forma a letra M, cujo valor diretamente maternal é salientado por Freud a propósito do esquecimento e ocultação de Matrona, o nome da primeira moça a receber seus galanteios não sem lhe transmitir, aliás, aquela gonococia que marcou o início de sua neurose de adulto.

É possível argüir que a importância atribuída à letra da abertura (fechamento) não corresponde exatamente ao progresso dos trâmites freudianos. Aparentemente, é com certeza verdadeiro. E tal argumento vai justamente permitir-nos precisar em que consiste realmente o método do psicanalista cujo paradoxo já salientamos. A atenção equiflutuante designa justamente essa espécie de escuta lateral, mais viva para captar os fenômenos marginais, os escolhos e as sombras do que o exagero de um sinal ou o equilíbrio de um elegante raciocínio.

Praticamente, a letra em questão, em dado momento do tratamento, permanecerá o mais das vezes, até o término da análise, na sombra da margem, luz negra colorindo o brilho dos bordos. Desta forma, o que se destaca do processo analítico nos escritos e relatórios é essa espécie de construção desconcertante. Ela dá a impressão de ser ao mesmo tempo lógica e incoerente, séria e fantasista, tão arbitrária quão verídica, dando pretexto demais para a indignação dos bem-pensantes. Para convencer, basta a referência ao primeiro grau da análise do pesadelo do Homem dos Lobos que Freud nos conta com detalhes. Ele nos propõe estes fragmentos enumerados, justapostos [25]: um acontecimento real — datando de uma época muito longínqua — olhar — imobilidade — problemas sexuais — castração — o pai — alguma coisa de terrível. É assim que procede a análise. Isso não tem o rigor de uma seqüência homogênea nem a cega coerência de um discurso bem pensado nem o ridículo de

24. *Ibid.*, P.U.F., p. 335; *G.W.*, XII, 43.
25. *Ibid.*, P.U.F., p. 347; *G.W.*, XII, 60.

um amontoado de chavões. É uma seqüência de elementos tal qual aparece nesse campo intermediário em que se desenvolve o pensamento analítico entre o bom senso e a ordem do inconsciente. Aliás, na linha que segue essa primeira reunião dos dados da análise, Freud coloca o acento com admirável segurança sobre o termo nodal do sonho: "a janela se abre por si mesma". A análise gira em torno dele e, por sua vez, se abre para uma dimensão nova. A partir desse instante a via está aberta à questão da cena primitiva... e aos seus impasses.

Desse modo a psicanálise dá prova de ser essencialmente uma prática da letra na medida em que nenhuma letra poderia ser abstraída do movimento libidinal do corpo que a produz como marca e máscara e como tal, nem poderia ser desmarcada de sua inscrição corporal. Para o psicanalista, a letra é esse estigma do prazer, essa inscrição, esse traço que tem como particularidade poder ser destacado, qual um objeto, do corpo sobre o qual foi impresso. Essa qualidade objetiva da letra — de poder ser assim abstraída — se liga, fundamentalmente, àquela outra qualidade de ser o indício positivo de uma diferença erógena — o traço "sobre o terreno" do intervalo do prazer.

A letra parece gozar de uma função privilegiada entre o objeto e a instantaneidade da diferença erógena, dos quais já fixamos a essencial distinção para qualquer aproximação verdadeiramente psicanalítica. De um lado, ela pode ser chamada de zona erógena, borda que limita e fixa *"in situ"* o intervalo em que se abre a possibilidade do prazer; de outro lado, ela é aquele traço destacável, qual objeto, do corpo que o faz aparecer. A letra não é, no entanto, nem zona erógena nem objeto, embora, parece, só possamos concebê-la em referência àqueles dois termos. Ela se distingue da zona erógena na medida em que é materialmente apreensível, enquanto que o essencial da zona erógena reside na inapreensível diferença de um igual-não igual de onde vem o prazer. Ela se distingue do objeto na medida em que ela não é de todo um pedaço de corpo, mas mais precisamente o traço que constitui e representa o limite dele. Acima de tudo ela pode ser reproduzida igual a si mesma.

A prática da circuncisão ritual realiza nitidamente a distinção entre esses diferentes termos. De uma parte, o prepúcio cortado figura perfeitamente o objeto, ao mesmo tempo que a cicatriz do corte se inscreve visivelmente na zona erógena do pênis. Mas a letra da operação, a realidade do corte, não é nem o prepúcio desligado — a não ser em seu limite — nem o traço sobre o pênis, a não ser como vestígio da abertura ou incisão erógena. Poderíamos dizer, paradoxalmente, *a letra é a materialidade do traço em sua abstração,* limite, traço, corte da faca tanto quanto traço de união. Mas o essencial, o caráter único desse traço, é poder ser repetido, semelhante a si mesmo, indício partindo do "igual" e do "não-igual", onde se abre a possibilidade do jogo do desejo. Não se poderia negar que a questão do "igual a si mesmo" permanece aqui em suspenso. Deixamos claro, no entanto, desde já, que os elementos de uma resposta serão evocados no último capítulo.

Tal é o privilégio da letra: ser, entre a diferença erógena e o objeto, essa materialidade abstrata que parece fixar a síncope do prazer e poder se repetir. O manejo da letra assim concebida é o mais direto acesso à economia do prazer pois, como marca da diferença, ela constitui o corpo erógeno em sua coerência.

Faltaria considerar com detalhes as formas múltiplas de que a letra pode se revestir. Certo é que os vinte e cinco caracteres do alfabeto, mesmo representando uma categoria bem diversificada, não bastam nem de longe para cobrir todo o seu variado campo. Contentar-nos-emos, por ora, em salientar que, para o clínico, *merece o nome de letra qualquer materialidade abstraída do corpo erógeno como elemento formal* localizável em sua singularidade. Como tal, ela é suscetível de ser reproduzida, relembrada, repetida de algum modo, para escandir e articular o canto do desejo.

A seqüência de nosso propósito bastará, sem dúvida, para sustentar essa definição. Desenvolveremos — dentro da variedade apresentada pela psicanálise — as diferentes formas em que se podem determinar a letra em sua distinção e seu enredo com o objeto — do odor de menta à estrela negra de um nevo pigmentar.

5. O SONHO DO UNICÓRNIO

A psicanálise se afirma, pois, como uma prática da letra. Gostaria de trazer aqui, para ilustrar tal afirmação, um trecho da análise de Philippe, paciente de uns trinta anos, que já tive ocasião de relatar alhures [1]. O estudo de um sonho, "essa via real que leva ao inconsciente", nos levara pelo caminho mais curto ao cerne dessa história. Philippe conta assim o "sonho do unicórnio": "A praça deserta de uma pequena cidade, algo insólito. Busco alguma coisa. Aparece, de pés no chão, Liliana, que não conheço, dizendo: há muito tempo que vi areia tão fina. Estamos numa floresta e as árvores parecem curiosamente coloridas com cores vivas e simples. Creio que há muitos animais nessa floresta e quando vou falar, um unicórnio cruza

1. J. Laplanche e S. Leclaire, «L'Inconscient, une étude psychanalytique», em *l'Inconscient*, Desclée de Brouwer, 1966, pp. 95-130 e 170-177.

nosso caminho. Caminhamos, os três, em direção a uma clareira que aparece mais acima".

Quanto ao essencial de seu conteúdo manifesto, o sonho retoma um acontecimento da véspera: Philippe passeara com sua sobrinha Ana por uma floresta onde, brincando de espreitar a caça, notaram, perto de um riacho, rastros ("pés" em linguagem de caçador) de cabritos e de veados. Quanto à ocasião do sonho, foi a sede, nos diz Philippe, que o despertou, ainda que [2] pouco tempo depois do sonho; ele esclarece que jantara, na noite do dia anterior, "arenques do Báltico" pelos quais tem particular atração.

Esse sonho com o unicórnio, como veremos, realiza o desejo de beber, e a sede que o subentende teremos de a interrogar em todas as suas implicações.

Numa primeira análise, esse sonho leva a três recordações de infância que vão constituir a cena de múltiplos cenários nos quais será representado o jogo da sede de Philippe.

A praça deserta sobre a qual se abre o sonho, como em uma cena ainda vazia, nos conduz sem rodeios ao cerne da representação; o insólito está no sentimento de que falta em seu centro um monumento ou um chafariz. Evocados, eles surgem na lembrança reunidos em um monumento — chafariz, a fonte do unicórnio [3]. Essa fonte dominada por uma estátua de unicórnio se encontra, na realidade, na praça de uma pequena aldeia provinciana onde Philippe passava suas férias entre três e cinco anos. Mas a praça não evoca somente a notável representação do animal imaginário; evoca outrossim a recordação de um gesto familiar, aquele de juntar as mãos pelas bordas interiores para formar uma concavidade e tentar beber nessa taça improvisada a água que jorra da fonte. É uma variante desse gesto que vamos encontrar na segunda recordação.

2. O sonho «guarda do sono» segundo a expressão de Freud não mantém portanto completamente essa função, na medida em que quem está dormindo acorda assim mesmo.

3. Philippe conhecia a série das seis tapeçarias da «Dame à la licorne» que se pode admirar no Museu de Cluny. Mas eu não saberia dizer se ele conhecia também a série seguinte (de seis tapeçarias, também) da «Chasse à la licorne» que está exposta no Metropolitan Museum of Art (The Cloisters) em Nova York; a segunda tapeçaria dessa série, «la licorne à la fontaine», representa um unicórnio ajoelhado mergulhando a extremidade de seu corno na água, que corre da fonte como um pequeno regato.

Novamente na época das férias, possivelmente durante o verão dos seus cinco anos, por ocasião de um passeio pela floresta na montanha... É esse fragmento do sonho: "Há muito tempo que eu vi..." que conduz a essa segunda cena. A frase é tomada literalmente de uma observação feita durante o passeio da véspera com Ana. Há muito tempo, dizia Philippe, que não vira uma charneca tão esplêndida e colorida, a não ser justamente aos cinco anos no decurso daquele verão na Suíça. É a mesma resplandecência colorida que se encontra no texto do sonho, deslocado para a copa das árvores. Mas o fato marcante do passeio é a tentativa de imitar um companheiro mais velho, que conseguia reproduzir um apelo de sirene soprando através dos polegares unidos sobre as duas palmas dispostas em concha.

É um apelo também, mais precisamente articulado, que encontramos na terceira recordação. Ela se passa numa praia do Atlântico, para onde nos leva a "areia fina", complemento manifesto do resto diurno do sonho: "Há muito tempo que eu vi..." Sem dúvida, Philippe descansava nesse lugar no início das mesmas férias que deveriam conduzi-lo em seguida à aldeia do unicórnio (o verão de seus três anos). O personagem desconhecido do sonho, Liliana, encontra aí sua identificação principal. Desmembrando esse nome, suprimindo Ana, já determinada, aparece Lili, uma parente próxima pelo sangue e familiaridade, que estava com ele naquela praia. A lembrança que marca a escolha dessa passagem é o de uma travessura de Lili. Naquele mês de julho tão quente, como Philippe não parava de repetir a cada passo muito sério e insistente: "Tenho sede", Lili passou a interrogá-lo cada vez que se encontravam: "Então, Philippe, tenho sede?" Essa zombaria afetuosa se tornou, nos anos seguintes, uma saudação de cumplicidade, quase um sinal de reconhecimento, fórmula pronunciada no mesmo tom grave e disfarçadamente desesperado que indica sobretudo a espera de uma satisfação garantida: "Philippe, tenho sede."

"Depois de uma completa análise, todo sonho se revela como a realização de um desejo." Freud condensa nessa única frase o essencial de sua descoberta sobre a interpretação dos sonhos. Mas, o que é um desejo no sentido freudiano (*Wunsch*)? O que pode representar sua realização (*Erfüllung*)? Eis aí uma questão que não poderia ser considerada resolvida só pelo fato de sua moderna trivialidade. Quanto ao sonho do unicórnio, estamos ainda longe, de uma análise completa. Pode-se dizer em primeira aproximação, mais intuitiva que analítica, que esse sonho representa a sede de Philippe. Inclusive podemos adiantar, com Freud, que ele a satisfaz, isto é, que realiza a sua maneira o desejo de beber, pelo menos na medida em que diferencia o momento do despertar e o de beber. Convém salientar de passagem que a sede em questão ou, ainda, o desejo de beber que provoca o sonho não poderia de modo algum se reduzir à ocasião que o provoca, sede casual, necessidade de beber originada do fato de ter comido arenques.

A sede assim evocada em sua função central, longe de encerrar a interpretação, se apresenta como um termo aberto, como se esta sede se impusesse, ávida, na literalidade ou na realidade de seu apelo interrogativo. Podemos perguntar como o apelo: "Tenho sede" se fixa em compensação na interpelação de Lili e por que aquele desejo de beber se resume sob a efígie do unicórnio.

Deixemos aqui, como se faz no decorrer de uma análise, encadearem-se as recordações, as imagens e as palavras, para tentar seguir, no rigor de suas curvas, o caminho que leva ao inconsciente.

Philippe não demorou muito para dizer que não gostava da praia, mas fez isso com tal veemência que foi fácil suspeitar da proximidade de algum tema importante. De fato, com a evocação daquele verão atlântico, emergiam — ainda muito nítidas e tão vivas como se fossem atuais — lembranças literalmente sensíveis: o contato da areia quente com toda a superfície do corpo, da areia fresca e úmida quando por brincadeira nela o enterravam; areia queimando a sola dos pés, cuja deliciosa excitação redobrava a ardência do zinco desconfortante do balcão superaquecido pelo sol do meio-dia. A idéia da praia é ainda para Philippe a evocação da fobia da areia se insinuando por toda a parte, nos cabelos, nos dentes, nos ouvidos. O fato de se esparramar numa praia é expor-se ao dissabor de não conseguir se desembaraçar da areia. Dias após, afirma ele, por mais cuidado que se tome, encontra-se sempre um grão esperto, escapulido aos mais cuidadosos banhos de água doce, que, sozinho rangendo em silêncio, engrossa contra a pele. Assim se desvendava um dos sintomas menores de Philippe, uma verdadeira fobiazinha de roupa dobrada, de migalha perdida nas roupas, de cabelo cortado incrustando-se no colarinho, de pedrinha no sapato. Vê-se como surge, à evocação da praia, um pequeno nada muito sensível — grão de inconsciente à flor da pele — que pode em certas ocasiões levar Philippe à beira da mais viva irritação, às vezes aos confins da angústia.

Outro tema do sonho, o pé (pés descalços de Liliana) encontra sobre essa praia o terreno eleito de seus rastros: rastros ("pés" em linguagem de caçador) de cabritos e de veados observados na véspera do sonho convergindo em direção ao bebedouro, o regato no fundo do pequeno vale; marcas de corpos sobre a areia da praia onde surge a sede; rastros que se cobrem de areia movediça, que se furtam sob a areia fina, se evaporam dos moldes que o pé molhado delineou. Rastro que certamente se apaga, mas também rastro que permanece, como nos arredores da aldeia do unicórnio, marcam a rocha, dois cascos do cavalo de um príncipe lendário que, ao saltar desesperado sobre um barranco, escapou dos seus perseguidores. Philippe gosta dos seus pés que não lhe parecem feios e se diverte em brincar com eles. Houve uma época de sua infância em que, andando muito com os pés descalços, esforçava-se por calejar a planta dos pés, sonhando deixá-la dura como corno para andar sem perigo sobre os solos mais ásperos e correr pela praia sem medo de estrepes ocultos na areia. Ele o conseguiu parcialmente se dermos fé à narração da aventura de se ver, ante os olhares espantados dos seus companheiros, descendo descalço pelas muitas ruínas da encosta de uma geleira. Naquele instante realizava, de maneira parcial, a ilusão deveras obsessiva de manter o corpo protegido pelo invólucro de uma pele invulnerável.

Reencontramos assim esse outro termo importante do sonho, o corno, que enfeita a fronte do animal lendário. Valor de representação fálica, o unicórnio constitui tema comum das narrações lendárias. O unicórnio, emblema de fidelidade, é evidentemente um animal difícil de ser pego. Diz a lenda que quem o quiser prender deve deixar, na solidão da floresta, uma jovem virgem como oferenda. O unicórnio, colocando o corno em seu colo, adormece imediatamente. Sem dúvida, na realidade não há unicórnios nem cornos de unicórnios: o dente de unicórnio do mar que o substitui, espora soberba de marfim franjada em espiral, fundamenta precisamente sua virtude benéfica sobre o nada real que ela representa.

Na fronte, em lugar semelhante àquele em que se implanta o corno, Philippe traz uma cicatriz, marca perene de uma briga de crianças ou da queda de um triciclo, marca indelével como a circuncisão ritual em seu órgão sexual. O rastro na areia, marca do corpo, se encontra agora na pele, marca no corpo, cicatriz em que se enraízam no sonho o emblema fálico e o traço que o consagra.

A propósito de cicatriz, precisamos recordar outra cena sonhada por Philippe logo depois daquela do encontro com o unicórnio na qual parece retomar o tema dos estrepes ocultos na areia da praia. "Alguém (parece ser um rapaz de uns doze anos) acaba de escorregar com uma perna só num buraco. Está deitado de lado e grita muito como se estivesse gravemente ferido. Todos (e eu sou um deles) se precipitam para ver onde está o ferimento. Mas quer no joelho quer na perna nada aparece. Apenas no pé, do lado do calcanhar, uma escoriação em forma de fino crescente vermelho mas que não sangra. Ele se teria ferido com um objeto escondido no buraco. Todos o procuram pensando num prego enferrujado, mas encontram um podão."

Nesse sonho, em movimento inverso àquele do corno, a cicatriz (ferida apenas aberta ou já fechada) passou da fronte para o calcanhar. Certamente não é necessário ser psicanalista para perceber nessa narração a mais direta alusão ao tema da castração. Adivinha-se igualmente que o autor figurado da ferida, o podão, oculta apenas por uma alteração literal a identidade do castrador desejado, o psicanalista, que o sonhador chama ou interpela pelo nome. Em fórmula reduzida e alusiva, podemos dizer que o sonho é animado pelo desejo de castração — termo esse cuja acepção psicanalítica iremos comentar [4]. Paremos um pouco com Philippe para considerar o fato de uma cicatriz. Sobre a pele, um traço, uma ligeira depressão, branca ou colorida, de preferência insensível, indica o resultado de uma arranhadura, um corte, até mesmo uma ferida profunda que exigiu curativo, pontos; traço de violência feita ao corpo, inscrição durável de uma irrupção dolorosa, às vezes funesta. Se o corno é representação de um nada real, a cicatriz, ao contrário, tem o privilégio de ser sobre o corpo a inscrição do intervalo de um corte, marca de uma separação sensível.

Ora, para Philippe a integridade do seu corpo é de valor essencial. Por isso, cicatriz é antes de tudo preenchimento, reparação, sutura. Como tal, está ligada inseparavelmente à paixão de sua mãe de proteger, fechar, saciar. A cicatriz, como toda a superfície do corpo, é uma recordação dos cuidados atenciosos que lhe dedicou uma mãe impaciente por satisfazer sua paixão ao nível das necessidades do corpo: Philippe foi lavado, alimentado, aquecido, cuidado na proporção das excessivas imaginações maternais. E nós sabemos o que essa espécie de amor maternal esconde e manifesta de tendências destrutivas inconscientes e bem intencionadas. Não há apelo que não seja abafado por uma comida superabundante, para não ter que ouvi-lo como se fora apelo de um apetite voraz. Não há sede que não seja logo afogada. Essa é a razão porque Philippe, cheio a ponto de estourar, continuava a ter sede!

Seria errado, no entanto, seguir Philippe quando pretende — e quer nos levar a crer — que só tem a lamentar aquele excesso de atenção maternal. Adivinha-se que ele foi profundamente marcado, de uma maneira mais indelével que qualquer outra, pelo aperto apaixonado daquela sufocante ternura. Philippe foi sem dúvida o preferido de sua mãe, mais que seu irmão, mas também mais que seu pai. Encontramos no horizonte sempre velado de sua história aquela satisfação sexual precoce. Nela Freud reconhece a experiência que marca o destino do obsessivo [5]. Ser escolhido,

4. Ver a este respeito Cap. 8, p. 148 e s.
5. S. Freud, *L.F.*, 30, 31, 33.

mimado e saciado (sexualmente) por sua mãe é (como já vimos quanto ao "Homem dos Lobos") uma beatitude e um exílio de onde é muito difícil voltar. Também a cicatriz, para Philippe, é antes de tudo aquela marca do preferido e aquela clausura dos limbos paradisíacos para onde são relegados, fora da vida, — sem haver nascido para o desejo ou já mortos — os espectros de Édipo muito cedo seduzidos e saciados por suas mães.

Com esta evocação das fantasias e dos desejos de sua mãe, com esta posição de preferido, atingimos um dos termos mais importantes da análise de Philippe.

Compreendemos melhor então o desejo que aquele sonho do podão realiza. Realiza, à sua maneira, o desejo ambíguo de que a marca da clausura maternal seja reaberta e um outro corte, castração, aconteça para que seja enfim suprimida a pena do exílio. É esse o sentido da primeira idéia de Philippe a propósito da estranheza do grito do sonho: "O menino grita muito forte". É um grito insólito, grito de terror e apelo irresistível, lembrando-lhe o *kiaï,* de que se fala na tradição Zen e que seria capaz de ressuscitar um morto. Aquele grito relembra sobretudo uma recordação que ainda não mencionei, se bem que tivesse sido evocada bem cedo, logo após a narração do sonho. Philippe tem oito ou nove anos. Está em viagem com seus pais, seu irmão e acabam de se instalar em um grande hotel, no fim de uma etapa. Ele explora sozinho o parque contíguo que parece muito grande. Barulhentos e animados, aproximam-se alguns meninos mais velhos do que ele (encontra-se aí o detalhe do sonho: doze anos), que brincam provavelmente de *cow-boys* ou de bandidos. Dão a impressão de atacá-lo. Philippe, tomado de pânico diante daquele bando, foge berrando... mas não qualquer coisa. Grita muito forte, como no sonho, pedindo o socorro de Guy, Nicolas e Gilles, para enganar e fazer crer a seus atacantes que também ele faz parte de um bando numeroso. Mas tenta, apesar do medo, não proferir nomes muito comuns, Pedro, Paulo ou Jacques, pois seus apelos deviam dar a impressão de ser preciosos. Lembra-se de ter também chamado "Serge" (na época era Stavisky ou Lifar). Essa recordação especifica o sentido do apelo do sonho e, como eu o dera a entender, confirma a identidade do castrador (ou libertador) invocado. Leva-nos também àqueles apelos imprecisamente articulados que as recordações reavivadas pelo sonho do unicórnio tinham feito aparecer.

Philippe, cativo das fantasias de sua mãe, passeia à beira-mar, dizendo "Tenho sede". Percebe-se a ambigüidade dessa afirmação, pois ela parece, de um lado, reclamar mais uma vez a saciadora presença da mãe e, de outro constatar ao mesmo tempo, por sua própria repetição, a possibilidade de estancar a sede, tomando-a ao pé da letra. A figura de Lili se impõe aqui, destacando-se de um grupo de outras senhoras amigas, reunidas naquela praia, expondo seus corpos desnudos. Lili é pequena, suas formas são cheias e seus seios generosos. É como se Philippe estivesse impressionado com aquilo, pressentindo que ela saberá, melhor que uma outra, ouvir o seu apelo. Ele adivinha — de maneira tão segura quanto confusa — que Lili é uma mulher mais desenvolvida que aquelas que a cercam. Ela é menos cativa de fantasias arcaicas que sua mãe. O homem, para ela, ainda que fosse seu marido, é um possível amante. É como se Philippe estivesse encontrando uma mulher pela primeira vez. Essa "primeira vez" relembra um processo de fixação. Pode-se encontrar nessa ocorrência a representação do que serão mais tarde para nosso paciente as inclinações, as dificuldades e os impasses da escolha. Lili, como mulher, mostra entender bem o "Tenho sede" sedutor. A interpelação retribuída: "Philippe, tenho sede" parece confirmar o sucesso daquela sedução e testemunhar que a queixa ou a sede são afinal entendidas como apelo ao desejo, senão já como desejo de Lili. Garantida pelo fato de ser proferida por outra boca, a fórmula "Philippe, tenho sede" fixa e resume uma primeira maneira de compromisso do desejo de Philippe nesse tempo de esperança ou nesse momento de abertura que foi o verão de seus três anos. "Philippe, tenho sede" reúne em algumas palavras, ao menos as três proposições seguintes, cada uma com suas reservas: 1) sou o preferido de minha mãe, amado por ela, mas, como tal, exilado em paraíso imaginário e nostálgico; 2) meu apelo é ouvido, mas encontrei uma cúmplice passiva, em vez de ajuda para dali sair; 3) posso amar outra mulher (ou ser amado por ela), mas ela é também proibida. Convém acrescentar que Lili, parente próxima da mãe, estava casada com Jacques, primo-irmão do pai. Teremos oportunidade de voltar a falar da função desse nome na história de Philippe. Notemos somente que Lili — duplamente parente, pelo sangue e pela aliança — por um lado, afasta e representa e, por outro, redobra a dimensão do incesto que se desdobra aqui novamente para Philippe.

Assim define-se o sentido daquele desejo de beber. A sede, contrariamente ao que se poderia crer, representa mais um apelo à abertura que uma expectativa de algo que encha (saciação). Ela faz surgir a captura primordial por parte da mãe, a nostalgia de Philippe e sua revolta. Digamos, porém, que com esse primeiro trabalho de análise estamos longe de ter esgotado os recursos do material do sonho, longe também de ter colocado em jogo as energias da economia libidinal, cujos mecanismos cabe a uma análise mais profunda desencadear. Nada mais fácil que parar por aí e entregar-se a uma reconstrução interpretativa a partir de alguns elementos privilegiados. A tentação de querer compreender é forte, sobretudo quando a análise faz surgir temas que se encaixam comodamente no quadro de nosso saber. Mas cedendo a isso, percebemos cedo ou tarde que, por uma pressa exagerada, não fizemos outra coisa que substituir uma construção por outra, sem acarretar verdadeiras modificações. Suspendendo aí a análise do sonho teríamos quando muito conseguido — após ter denunciado a cor maternal — pintar de novo a clausura, da qual Philippe se queixa, com uma paleta psicanalítica. Muitas variantes seriam possíveis no manuseio dessa paleta, se o psicanalista, estivesse imperiosamente obrigado a escutar primeiro e depois respeitar os pontos sensíveis ou pontos fortes da narração do paciente, e a evitar, enfim, — é o caso de dizê-lo nessa história — toda explicação definitiva.

Relembrarei aqui a maneira como Freud, analisando o pesadelo do "Homem dos Lobos", resume a investigação após a primeira etapa da análise. É uma enumeração de elementos sensíveis que poderiam, em uma representação estritamente gráfica, ser destacados em caracteres maiores (tal seqüência é salientada no próprio texto) [6]: um acontecimento real — datando de uma

6. S. Freud, «Extrait de l'histoire d'une névrose infantile», em *Cinq Psychanalyses*, P.U.F., 1954; *G.W.*, XII, 60.

época muito distante — ver — imobilidade — problemas sexuais — castração — o pai — alguma coisa de terrível.

O trabalho de análise consiste essencialmente em apontar e pôr em evidência uma série de termos cuja insistência mais ou menos manifesta, sempre sensível ao ouvido atento, revela que eles são do inconsciente. Exige também que se mantenha a escuta fiel e aberta, gravação precisa e pureza sempre renovada de uma acolhida total. A partir de nossa análise do sonho, pode-se relacionar uma seqüência de termos que se repetem e se destacam no desdobramento do discurso de "livre-associação". De maneira mais despojada ainda que a de Freud, no exemplo citado, podemos enumerar, sem nenhum acréscimo de condescendência para ligá-las entre si, algumas palavras-chaves ou entroncamentos da narração de Philippe: L*i*li — sede — praia — rastro — pele — pé — *corne* *. Assim se apresenta à análise o inconsciente, como uma seqüência de termos cujo agrupamento exposto apresenta, para quem não conhece os meandros do discurso analítico, essa aparência heteróclita de uma miscelânia sem o menor sinal de ordem. Diante dessa seqüência de elementos heterogêneos, ninguém escapa à reação espontânea de organizar o conjunto no esquema de uma construção, cujo tipo varia segundo o gosto de cada um, do biológico ao simbólico. Ora, o mais das vezes — não seria demais insistir — a crítica da experiência prova que respondendo sem discriminação a essa necessidade de construir (ou reconstruir), perde-se — como Freud o salientou [7] — o mais vital daquilo que a narração do paciente quer dizer — que não há outra maneira de entender o início a não ser ao pé da letra. Se considerarmos, pois, o enunciado desse encadeamento inconsciente em sua literalidade, deixando de lado qualquer tentativa de reconstrução, constataremos que a aproximação dos termos faz aparecer o *licorne* (unicórnio).

Monumento da imaginação de Philippe e metonímia de seu desejo, o unicórnio — pelos deslocamentos que representa, os intervalos que reúne e sustenta, por sua legenda e pela estátua que enfeita a fonte — afirma,

* *Licorne* = unicórnio e *corne* = corno; daí a seqüência enumerada pelo autor (N. dos T.).

7. Cf. Cap. 1, pp. 19-20.

melhor que qualquer outra prova, a insistência da sede de Philippe. Designa, ao mesmo tempo, um local em que se manifestou o desejo de beber. Nesse momento da análise em que a efígie se decompõe em um jogo de letras, *li-corne* indica claramente a via que conduz à verdadeira dimensão do inconsciente. No entanto, caso não se tome cuidado, pode ser isso uma última cilada nessa caminhada. Isso porque podemos ser tentados, em última instância, a tomar a bela composição do monumento e fazê-la assumir a função obturadora de outra construção qualquer. O unicórnio se presta particularmente a uso de objeto mítico, se deixarmos em um movimento contrário ao da análise, que os elementos se fixem em uma figura. Ao contrário, o que importa é deixar que se desdobre e se esgote a intensidade do eco significativo no repique de sua reverberação, até que se imponha a frieza do traço literal. É preciso deixá-lo ressoar como o apito de sirene que Philippe se esforçava por imitar soprando através de suas mãos unidas em forma de concha. "Unicórnio" (*licorne*) marca assim em seu traço conciso o gesto de beber e o movimento das duas mãos juntas para formar uma taça — réplica côncava da convexidade do seio — reprodução mínima do que é, em seu sentido original, um símbolo: gesto de oferenda ou de súplica mas, acima de tudo, gesto de domínio com o qual Philippe realiza algo de seu desejo.

Com a evocação do gesto atinge-se de verdade o domínio privado onde reina a singularidade em sua distinção mais secreta: esse movimento das mãos tão banal quando descrito formalmente, Philippe o considera irredutivelmente seu, pela mesma razão que considera sua a cicatriz da fronte. Atingimos aqui o limite do segredo que a relação de uma análise ultrapassa inevitavelmente, imagem fiel da transgressão que é a própria psicanálise. Isso porque a descrição dessas singularidades delineia algo como o próprio de cada um em sua intimidade.

Desprender esses traços irredutíveis — termos elementares onde todo eco se apaga — seria o alvo ideal da psicanálise. Mas é muito raro que cheguemos sequer a esgotar as miragens da significação na formalidade despojada de uma cadeia literal. No caso do unicórnio parece que atingimos bem de perto esse nó da análise de Philippe, mas não tanto, como acabamos de ver, pela possível significação do unicórnio (embora não a pudéssemos excluir) mas pelo fato de sua composição formal [8].

O seguinte passo da análise — que se deve entender literalmente no sentido de um movimento — nos leva irreversivelmente ao interior dessa zona matricial da vida psíquica em que a significação se funde, por um instante, em uma fórmula literal, réplica secreta do nome próprio, sigla do inconsciente. Uma jaculatória transcrita aqui, com o mínimo de disfarce necessário, parece ter sido o nome secreto de Philippe: *Pôor (d)j'e — li*.

É muito raro, em psicanálise, conseguir a afirmação dessas fórmulas íntimas, pois são sempre ciosamente guardadas. Philippe conseguiu dizer esse nome por uma via que merece aqui ser detalhada. Tratava-se de gestos, como aquele de juntar as mãos para beber ou assobiar e, por associação, de domínio muscular ilustrado por duas recordações. Em uma, ele se vê caindo de costas de um terraço que não tem balaústre, para encontrar-se de pé três metros mais abaixo, depois de ter dado perigoso salto para trás, quase tão naturalmente como um mergulhador profissional. Na outra, vê-se igualmente caindo mas, de uma carroça onde estava sentado: mesmo movimento natural e rápido, desta vez para frente, espécie de cambalhota, fazendo com que escape também ileso à ameaça da roda enorme de madeira. "Um passo em falso, uma pirueta e pronto", poderia ser a fórmula-resumo dessa seqüência de imperícia trivial e de excepcional destreza, culminando com a satisfação de um homem intato, bem plantado sobre seus pés: "Felizmente — poderíamos traduzir interpretando — pude dominar minha queda no mundo". De fato — e é assim que aqui chegamos — a fórmula secreta anunciava, acompanhava ou relembrava, no ponto mais longínquo da recordação, um movimento de júbilo que consistia em se dobrar sobre si mesmo e em se desdobrar, em se comprazer com o

---

[8]. Pode-se observar aqui que *li-corne*, fazendo pensar na seqüência desenvolvida *Lili-corne*, introduz de novo, ao nível de cada um de seus termos, os «ecos da significação». É exato e teremos ocasião de mais adiante voltar a isso que se apresenta como objeção.

resultado obtido e recomeçar; mais simplesmente, uma espécie de salto mortal ou de pirueta que, como passe de mágica, faria surgir num instante de prazer algo novo e ilusório. *Poord' jeli* — na própria escansão de sua enunciação secreta, saltando em torno do *d'j* central e recaindo sobre o júbilo do *li* — parece ser tanto o modelo como a reprodução do movimento da cambalhota.

Há certo interesse em comparar esse nome secreto *Poordjelli*, que Philippe arranjou para si, com aquele que recebeu de seus pais: Philippe Georges Elhyani (transcrito também com o mínimo de deformações necessárias, tanto para resguardar o segredo da identidade real quanto para preservar todas as possibilidades de transgressão da análise). Podemos encontrar aí um ritmo mais desenvolvido, análogo à escansão da fórmula. Mas o *j(e)* médio na jaculatória se encontra em "Georges" girando em torno do OR central. É possível notar nessa fórmula os elementos constitutivos do que poderíamos chamar também de fantasia fundamental — *Poordjeli* —; *or* e *je*, como acabamos de salientar em Georges; *li*, duplamente no nome e no sobrenome; *p(e)*, finalmente, síncope no encadeamento "Philippe" "Georges", que se encontra acentuado no princípio da "fórmula", enquanto que uma dental cega *d'(e)* (não elucidável em nossa transposição) reproduz ao centro de *Poordjeli* a síncope de "Philipp(e)' Georges". Aparece assim, na análise de Philippe, essa semelhança muitas vezes presente entre a fantasia fundamental do paciente e seu nome.

Com a evocação desse nome secreto, parece que atingimos um termo intransponível: modelo irredutível, desprovido de sentido, aparece verdadeiramente como um desses nós que constituem o inconsciente em sua singularidade.

O trabalho da análise nem por isso está acabado. A partir desses nós — quando acontece que logramos apontá-los tão nitidamente como neste caso — pode iniciar-se outro movimento de elucidação — uma espécie de análise em sentido inverso — que mostra como as significações vêm se prender na singularidade do modelo inconsciente e como múltiplos sentidos surgem dessas matrizes literais. Soletremos novamente os termos da fórmula *Poordjeli* enumerando agora nesta análise, ao inverso, algumas das formas significativas que encontramos ligadas a estes elementos. Obteremos assim, a partir do *po* inicial da fórmula, significações tais como *peau* (pele) *, couro, epiderme, invólucro, cuja importância para a vida libidinal de Philippe já consideramos. Poderíamos igualmente seguir as vias abertas através das particularidades dessa história, por meio de uma palavra como *pot*, pote de beber ou pinico; ou, então, a exclamação carinhosa e ternamente queixosa de *pauvre* (pobre) Philippe, em que já apareceria a marca do segundo *or*, velado em *ovre* pela carícia de um leve *v*. Ainda assim este *OR* do meio aparece com insistência em algumas palavras-chaves do vocabulário particular de Philippe. *Fort, mort e port* (*ou porc*) (forte, morte, porto (porco)) são de uso por demais comum para que possamos, fora dessas trivialidades, ressaltar sua originalidade para o nosso paciente e mostrar como essas palavras o afetam em seu corpo. Em *corne* e *licorne* ela já aparece melhor, assim como em uma variante da amorosa interpelação maternal *pauvre trésor* (pobre tesouro), ainda que através dessa exclamação tão comum nosso esforço de relação imitativa não consiga expressar senão precariamente a insistência desse *or* na narração de Philippe. Mais singular ao contrário é esse movimento de reversão escandido pela fórmula que aparece literalmente na inversão de *or* em *ro*, de *cor* em *roc*, (rocha) dos *or* em *roses* (rosas). Reencontramos assim, curiosamente, outro lugar privilegiado de sua infância, "o jardim das rosas", situado não muito longe da fonte do unicórnio na mesma cidade, do outro lado da estrada. A rosa de Philippe é fonte inesgotável [9], indo do perfume das rosas à guerra das duas rosas, local mítico, tema místico, coração entre os dois seios no mais profundo *de la gorge* (peito) (garganta, literalmente).

O *ge*, que nos remete a *gorge* (peito) não oferece menos que o *or*, em torno do qual ele se redobra em Georges, pretexto para decifrar as vias singulares do

---

* *Peau, pot, pauvre* (pele, porte, pobre) — todas estas palavras têm em francês o som de *pô*, equivalente ao *po* inicial da fórmula. Adiante conservaremos em francês as palavras cuja ortografia ou som sejam importantes para a análise do caso.

9. Esclarecemos que a análise de Philippe é anterior à canção em voga, de Gilbert Bécaud: *L'important, c'est la rose*.

desejo inconsciente de Philippe, assim como o *moi-je* do qual foi prisioneiro desde muito cedo para estigmatizar o seu "egoísmo" por demais evidente. Esta apelação, contrapartida pejorativa de "Philippe, tenho sede" constitui uma indicação preciosa, assim como a série *plage, rage, sage* (praia, raiva, prudente). Todavia acentuaremos sobretudo o caminho que o *j'(e)* abre aqui para a série dos "Jacques". Jacques é antes de tudo o irmão mais velho de Philippe. É também, como já assinalamos, o marido de Lili. Mas acima de tudo o *je* se acha plenamente acentuado no *je* de Jérémie [10], o avô paterno, falecido muito prematuramente, cujo monograma J. E., sobre os livros ou as bagagens, fica sendo a marca de origem, figura do pai morto que não poderia apagar a fisionomia do avô substituto.

Não nos deteremos mais sobre os caminhos oferecidos por *li* sobre o qual recai a escansão do nome secreto, sua repetição nos sobrenome e nome, até o muito significativo e explícito *lit* (leito) de Lili.

Esta maneira de análise a partir de uma fórmula literal pode surpreender e parecer parte de algum jogo sem fundamento, se esquecermos que na realidade ela destaca sem a menor interpretação apenas os termos mais sensíveis da narração do paciente; "sensíveis" no sentido físico do termo, para sermos precisos.

Essa necessidade de não se contentar com os jogos indefinidos da significação se ilustrará melhor com o exame da dificuldade que um discurso pode constituir a cada instante para o analista ao adquirir sentido. Assim, quando Philippe conta as lembranças da praia e a novidade de seu olhar sobre o corpo feminino, nada mais natural que sublinhar de passagem a representação privilegiada "corpo de Lili" em pleno sol. Imediatamente ela toma sentido e o corpo se impõe — outro e do outro — conduzindo ao desejo incestuoso para com a mãe e à fantasia de uma realização plena. O sentido de certo domínio precoce vem se ajustar a isso como poder da sedução misturada à impotência de uma idade muito nova. Mas, parece que interpretando assim essa representação — ao mesmo tempo que as sendas dos sentidos se abrem dentro de uma ordem

---

10. Este nome é igualmente transposto, segundo os critérios já evocados, para assegurar ocultação e transgressão.

bem conhecida — a via principal, que levaria à fantasia inconsciente em seu não-sentido — *Poordjeli* — se fecha de novo momentaneamente.

Podemos nessa altura questionar as relações entre a 'representação lingüística *corps de Lili* (corpo de Lili) e a jaculatória inconsciente *Poordjeli*. Eu acentuarei, contrariamente ao senso comum, o fato de que *é a fórmula literal que afeta a representação de seu valor singular*, do mesmo modo (ou mais) que *corps de Lili* não investe posteriormente a jaculatória secreta dando-lhe um sentido. Provam isso as variantes de linguagem — que para Philippe, terão sentido — de *corps joli* (corpo belo) a *trésor chéri* (tesouro querido) passando por *lit de roses* (leito de rosas), contrastando por sua multiplicidade significativa com a imutabilidade intransponível do modelo literal *Poordjeli*.

Resta enfim considerar o caráter manifestamente solipsista da jaculatória secreta. Há nessa fórmula, no movimento de júbilo que conota, uma dimensão auto-erótica evidente e uma afirmação narcisista que a evocação do *moi-je* (ego-eu) traduz muito fracamente. A articulação da fórmula acompanha, evoca ou traduz — melhor ainda, imita por sua enunciação — o movimento de cambalhota que faz aparecer ou deixa como resto, como algo que sobra, engodo de produção, criação irrisória, mas ao mesmo tempo como resultado da operação, afirmação de si, "bem em pé". Nesse jogo auto-erótico, a seqüência realiza uma imaginação narcisista de autogeração: de um lado, Philippe simula numa imitação expressiva essa aparição de auto-afirmação ao término de uma pirueta; de outro lado — pela repetição da articulação literal — ele parece gozar do efeito de produção ou geração correlativa ao encadeamento dos termos literais, como se cada articulação daquele nome secreto o fizesse, por direito próprio nascer (ou renascer) para o mundo da linguagem e para sua própria subjetividade. Numa palavra, por cada uso da fórmula secreta, Philippe tenta uma anexação, com toda propriedade, da cena de sua própria concepção e reencontra assim de maneira repetida — do mesmo modo que a recusa — sua cena primitiva.

Philippe se esforça fundamentalmente em recusar — para dar a impressão de dominá-la — a própria dimensão do desejo do outro, pelo fato de ter sido — sem dúvida prematuramente — seu objeto, beneficiário, vítima e resto. Deixado por conta do desejo paterno — que encontra seu *re-père* * apenas no nome de Jérémie, desaparecido muito cedo — objeto deixado ao desejo devorador da mãe, Philippe, tal como em sua fórmula irrisória, não terá doravante outro cuidado que aparar o desejo do outro, contestar o outro como desejante, isto é, considerá-lo morto ou inexistente. Pois, ele acredita saber por experiência que, caso se deixasse levar ao reconhecimento do outro, seria cair de novo (e desta vez, talvez sem recurso) no abismo da falta que o torna desejante, para ser de novo burlado, devorado, saciado até à sufocação.

Tal é o impasse do desejo de Philippe que a análise completa do sonho do unicórnio desvenda em sua disposição fantasiosa.

---

* *Re-père* jogo de sílabas que significa ao mesmo tempo «novo pai» e «sinal de localização».

6. O INCONSCIENTE OU A ORDEM DA LETRA

Como acabamos de ver, a prática da análise supõe que a natureza da letra, tal qual se apresenta no estudo do inconsciente, seja reconhecida e que as regras próprias de sua ordem sejam determinadas.

Definimos a letra, recordemo-lo, como a *materialidade do traço em sua abstração do corpo,* "abstração" a ser entendida tanto em seu sentido comum como no sentido de operação de desligamento a partir da superfície corporal. É considerar o corpo como o primeiro livro em que se inscreve o rastro antes que seja, como traço, abstrato, e desde então dotado de sua essencial propriedade de poder ser repetido semelhante a si mesmo, ou quase, em sua elementar materialidade.

Já havíamos chegado a essa formulação no final da interrogação sobre a dimensão do prazer, considerada primordial. Sem dúvida podemos nos espantar com essa necessidade, aparentemente regressiva, de enraizar assim o elemento "puramente formal" que é a letra em um movimento de prazer, e de invocar o "corpo erógeno" com a única finalidade, parece, de poder, em segundo tempo, dizer a letra abstraída do corpo. É verdade que — da maneira mais comum e também mais natural — a letra é justamente apresentada como esse traço cujo formalismo absoluto suprime toda necessidade de referi-la a outra coisa senão a outras letras, conexões que a definem como letra. Em outras palavras, é o conjunto de suas relações possíveis com outras letras que a caracteriza como tal, excluindo qualquer outra referência. Mas — é preciso dizê-lo — esse cuidado eminentemente louvável de restaurar a própria possibilidade de análise isolando, dentro de uma pretendida "pureza" formal, os termos mínimos de uma lógica não corresponde de fato, como mostraremos mais adiante, senão a uma forma extrema de desconhecimento: a que patenteia a recusa sistemática de reconhecer que o conjunto da vida psíquica — e portanto [1] de toda elaboração lógica — é constituído pela realidade do recalque. Se, como já o escrevíamos [2], o traço da letra se desenha "originariamente" como uma barra que fixa e anula o gozo, é suficiente deixar-se levar por essa função essencialmente "recalcante" da letra, para considerá-la, na outra extremidade do percurso, como um termo "puro" de qualquer implicação sexual.

Entendam-nos bem: não se trata de modo algum de contestar a propriedade do ponto de vista formal, em outras palavras, de contestar o caráter literal da letra. Trata-se, ao contrário, de dar ao caráter formal que a define o seu pleno valor. Isto quer dizer que se trata de salientar sua natureza contraditória de "materialidade abstrata". Isso não é fácil. Se habitualmente reconhecemos sem dificuldade o valor abstrato que per-

---

1. O estudo das articulações lógicas necessita, a meu ver, que se considere a natureza das articulações em jogo no sistema inconsciente, ao menos para precisar a relação de exclusão que essas últimas implicam acerca de uma função subjetiva.

2. Ver Cap. 3, p. 50 e s.

mite sua indefinida repetição — deixando-a sempre semelhante (ou quase) a ela mesma — tendemos, certamente pelo efeito de algum recalque, a desconhecer a materialidade que a define, materialidade essa que faz aparecer a necessária referência ao objeto, por conseguinte, ao corpo. Tal referência não diminui em nada o caráter "formal" da ordem da letra: ela destaca somente a antinomia constitutiva do elemento que fundamenta sua possibilidade.

O acento que colocamos sobre o paradoxo da natureza de uma letra vai nos permitir dar mais um passo em nossa interrogação a respeito do inconsciente. O estudo de uma ordem literal tende habitualmente a colocar em evidência articulações que presidem a organização de um conjunto composto, por exemplo, dos termos A, C e F. O suplemento que trazemos a este estudo se refere ao processo da determinação ou da escolha de A, C, F de preferência a B, D ou E para constituir certo núcleo inconsciente particular. O passo seguinte em nosso trabalho consiste em interrogar o fato — já evocado muita vezes — da "fixação" ou da determinação de um elemento de preferência a outro.

Relembremos a esse propósito a análise de Philippe. Ao final do estudo do sonho do unicórnio a fórmula literal *Poordjeli* nos apareceu como ponto intransponível, termo irredutível. Assim podíamos dizer paradoxalmente que era ela que permitia que esta representação lingüística — *joli corps de Lili* (belo corpo de Lili) por exemplo — fosse afetada de um valor significativo. Essa jaculatória secreta se apresenta incontestavelmente como um dos elementos constitutivos do inconsciente de Philippe, o que não exclui de modo algum que uma retomada da análise possa desvendar outros elementos seus.

Certamente não podemos dizer que o conjunto dos monemas que formam *Poordjeli* faça sentido ou tenha uma "significação" qualquer. Podemos quando muito dizer, assim como a análise o mostrou, que essa fórmula parece conotar originariamente um exercício de salto, uma cambalhota, cuja execução controlada gera um movimento de júbilo que sugeriria o seu recomeço ou, na falta deste, a sua evocação pela repetição da fórmula. O que a análise precedente claramente demonstrou, como o esperamos, é a força ou a insistência do caráter formal da jaculatória, seu valor verdadeiramente "formador". Relembremos seu ritmo em torno de cuja síncope se escande o salto ou ainda sua modulação fonemática em torno da qual se desenvolvem precisamente as fórmulas de linguagem mais ou menos homófonas, tais como *trésor chéri, joli corps de Lili, pauvre Philippe* (tesouro querido, belo corpo de Lili, pobre Philippe).

Mas é preciso observar que o trabalho da análise continua, até aqui, quase mudo sobre a maneira pela qual os traços assim desligados se fixaram nessa imutabilidade que constatamos. Já consideramos por que foram, entre outros monemas, *Poor d'j* e *li* que se fixaram, quando analisamos as relações da fórmula (ou nome secreto) com o nome próprio do sujeito. O que não interrogamos, de propósito, foi o processo mesmo dessa fixação em torno do movimento de júbilo. Para tentarmos dizer algo mais a respeito disso, é necessário agora — abandonando os caminhos próprios da psicanálise das neuroses — dedicarmo-nos de algum modo a um trabalho complementar de reconstrução teórica.

A questão geral assim colocada é a da fixação ou da determinação de um elemento para que ele se torne especificamente constitutivo de certo inconsciente: V, W ou M para o inconsciente do "Homem dos Lobos", *Poordjeli* para o de Philippe. Essa questão pode parecer supérflua em um primeiro enfoque, pois, para a prática da análise das neuroses, nada exige absolutamente que se leve mais adiante o estudo "histórico" ou genético de cada um dos termos. Além disso, dentro de uma perspectiva "puramente formal", como a que lembrávamos há pouco, nada exige que seja elucidado o processo de determinação de um elemento, porque, por definição, sua determinação se deve ao conjunto do qual depende. No entanto, a necessidade da questão da determinação ou da fixação dos elementos constitutivos de um inconsciente aparecerá melhor se — ultrapassando o quadro da análise das neuroses — nos prendermos à consideração do que nos revela o estudo do fato psicótico e, mais particularmente, do esquizofrênico. Encontramos nesses casos um conjunto literalmente composto dos mesmos elementos que os do inconsciente do neurótico, do qual, porém, nenhum termo garante o lastro ou a demarcação de um centro ou, mais simplesmente, do qual nada assegura a ordem. Isso corresponde de fato à ausência de inconsciente [3]. Assim, com o esquizofrênico, achamo-nos confrontados com sombras de letras. Cada uma delas conduz ao conjunto das outras sombras indiferentemente ou exclusivamente a uma delas, que parece ter para ele papel de complemento sexual. Mas não se poderia reconhecer na análise nada que mereça de verdade o nome de letra. A materialidade da letra manipulada pelo esquizofrênico parece, com efeito, duplamente abstraída de qualquer referência corporal, para não ser, afinal de contas, mais que sombra de letra, isto é, uma materialidade que não leva a nada mais do que à materialidade de qualquer letra.

Para Miranda, o mundo de sua vida cotidiana — vivida com uma frágil aparência de normalidade — está povoado, e até superpovoado, de "sinais". Estes "sinais" são uma forma de mão, certa dobra do vestido, a cor de um papel ou de um carro, um olhar, palavras ou locuções. Todos estes "sinais", num ou noutro momento, se relacionaram de modo particular com ela, quem sabe a excitaram, como aquela mão esquerda de seu pai pousada sobre a mesa enquanto ele escrevia. Mas hoje todos esses "sinais" passam por dentro dela como se não pudesse reconhecer verdadeiramente nenhum deles, obrigada que se vê a reconhecê-los todos na rede inesgotável de suas possíveis conexões, para ela necessárias. Paradoxalmente, podemos dizer que, se cada um desses sinais diz respeito a ela — só pelo fato, por exemplo, de se sentir atravessada por eles — deve-se acrescentar que isso se dá de modo indiferente. Quando muito pode-se reconhecer nessa rede que a envolve — ou a destrói — uma intenção determinada de anulação dela mesma, como se cada sinal, tanto quanto a rede deles, visasse a sua destruição "física e moral": sua situação natural parece ser a mesma de uma vítima de um campo de extermínio. Esses sinais que a cercam tiveram certamente, em outros tempos,

---

[3]. J. Laplanche: «Esse lastro que subtrai a linguagem ao reino privativo do processo primário... é precisamente a existência da cadeia inconsciente», em J. Laplanche e S. Leclaire, «L'Inconscient, une étude psychanalytique», L'Inconscient, Desclée de Brouwer, 1966, p. 116.

valor de letras para Miranda — e ainda no início do período em que nós a estávamos acompanhando —, tempos em que a presença física dos seus parentes a mantinha numa espécie de estado pseudoneurótico, cujos sintomas, dificuldades de orientação sexual por exemplo, enganavam na hora de uma investigação superficial: a mão, a fivela de um cinto, as expressões familiares de seu pai a transportavam justamente às emoções que a ligavam muito intensamente a ele. Mas hoje, livre dessa rede destruidora e mortífera, nada mais parece poder afetá-la de maneira diferenciada. Vemos então aparecer na história de Miranda essa produção típica dos psicóticos aos quais fugiu o domínio da letra, a "máquina de influenciar", retomando, segundo V. Tausk, a expressão consagrada do vocabulário psiquiátrico. Essa máquina é como um corpo novo — Tausk fala de um aparelho sexual [4] — cuja construção alucinatória parece impedir o desfalecimento do corpo real concebido como máquina erógena ou então como ficha em que se deva imprimir a programação do desejo inconsciente. Podemos nesses casos imaginar que o corpo — considerado como superfície em que se devam inscrever "normalmente" as letras que o tornam erógeno — ou não pode acolher rastros tal como uma superfície fixada em sua virgindade, ou é submetido a alguma operação que os apague a todos. A máquina alucinatória torna-se então o local da substituição em que se inscrevem e se ordenam as letras, para aí funcionar desde então como uma máquina de prazer, necessariamente perseguidora ou destruidora em lugar do corpo desinvestido, do qual parece, de algum modo, assinar a morte libidinal.

Se o destino psicótico faz aparecer melhor a necessária função de fixação, ou determinação, de tal elemento literal para que se constitua verdadeiramente um inconsciente, isto é, uma ordem fundamentada sobre a primazia do gozo [5], nem por isso ele nos esclarece sobre o mecanismo próprio dessa fixação. Já foi observado [6] que os termos de marca, de fixação, eram neces-

---

4. V. Tausk, «De la genüse de 'll'appareil à influencer' ao cours de la schizophrénie», em *Zeitschrift für ärztliche Psychoanalyse*, 1919, V.I. 33; tradução francesa de J. Laplanche, A. Lehmann e V. N. Smirnoff em *La Psychanalyse*, P.U.F., 1958, v. 4, pp. 227-265.

5. Ver Cap. 3, p. 58 e Cap. 7, p. 128.

6. Ver Cap. 3, p. 58.

sariamente utilizados para descrever a instauração e sobretudo a persistência quase indelével da erogeneidade em um ponto do corpo; e já foi até precisado que a inscrição no corpo se devia ao valor sexual projetado por outro no lugar da satisfação. Assim, a propósito de uma satisfação bucal, foi salientado ser necessário pelo menos que, aos olhos de quem alimenta, a satisfação da fome seja encarada como gozo, a fim de que essa porta — a boca — seja marcada por um traço qualquer, como lugar erógeno, e inscrita no livro do corpo como letra do alfabeto do desejo. Ora, se é relativamente fácil conceber esse essencial e necessário "projeto (ou projeção) de desejo" do outro, mesmo através do expediente mais comum da palavra, parece mais difícil explicar o processo que conduz à determinação formal da letra a ser inscrita em forma de traço gráfico, acústico, visual, táctil ou olfativo.

Podemos ter como certo que essa inscrição se produz graças a uma experiência de prazer ou de desprazer; mas é desejável descrever o seu processo de modo mais detalhado.

A questão colocada é importante: é a questão da natureza da conexão que se estabelece entre, de um lado, a experiência sensível e imediata de uma *diferença*, prazer ou desprazer descritos como diferença de tensão na metáfora energética freudiana, e, de outro lado, o traço, rastro mnemônico ou inscrição, termo localizável, seja qual for sua natureza, na medida em que tal letra parece fixar o inapreensível da diferença e pelo menos permite reevocar e mesmo repetir o prazer que ela constitui. Formulemos imediatamente a resposta cuja propriedade teremos de sustentar: a conexão que se estabelece se faz como a escansão do tempo fraco de uma síncope.

Poderíamos retomar o exemplo mítico da primeira satisfação, cuja representação ingênua agrupa sempre as mais calorosas simpatias. Porém, fora o fato de ser difícil renovar o seu exemplo, é preciso dizer que a descrição dessa conjuntura favorece a confusão entre a função literal que fixa o intervalo e a função objetal que vem mascarar sua hiância. Ora, a articulação recíproca dessas duas funções da letra e do objeto, que pudemos designar como enredo, não supõe confusão alguma, bem o contrário.

Para desenvolvermos com toda clareza o que queremos demonstrar recorramos, pois, a situações simples e, por que não, para começar, a uma circunstância dolorosa (brusco aumento de tensão). No mal-estar, beirando o desmaio, da dor provocada por uma topada na quina de uma pedra subsiste apenas — ou se intensifica — o perfume da madressilva que cresce nas moitas ao redor. É como se no choque desta quase-deslocação pela erupção da dor, à beira do desvanecimento, o cheiro da madressilva se desprendesse, como único termo distinto, marcando por isso mesmo — antes que o desvanecimento propriamente dito ou a segunda dor se produzam — o próprio instante em que toda coerência parece se anular, ao mesmo tempo em que ela se mantém em torno desse único perfume. De modo inverso, imaginemos a síncope do prazer de um orgasmo. Imaginemos, por exemplo, alguém que, inopinadamente, apanhe o garoto se esforçando por trepar em uma corda lisa. Podemos pensar que a trança do cânhamo em contato com suas mãos permaneça, literalmente, o único ponto de apoio que, na ocorrência, poderá perfeitamente preservá-lo de um tombo no momento mesmo do prazer. Mais simplesmente ainda, imaginemos, no auge do gozo amoroso, a cabeça caída da amante, cujo olhar perdido fixa em um olho sem fundo a imagem duplamente invertida que as cortinas abertas e presas por frouxos cordões desenham com a luz da janela. Teremos dessa forma evidenciado, em sua contingência, o próprio traço que parece fixar a síncope do prazer.

Assim, em todos esses casos, no instante em que se produz a diferença na extrema sensibilidade do prazer ou da dor, um termo aparece, se mantém ou se desprende, termo que parece impedir o total desfalecimento do momento: um perfume de madressilva — ou ainda o cheiro de sangue que ele antecipa — a saliência da trança de uma corda na mão, a fresta de uma luz desenhada pelas cortinas, constituem a forma, isto é, a própria letra, único termo que continua marcado pelo vazio do prazer.

No mais das vezes, não é possível reconstituir dessa maneira, no correr de uma análise, o tempo da fixação que então se manifesta como escansão — em contraponto do tempo fraco — do tempo vazio da síncope. Isso porque a sua descrição que acabamos de fazer, por mais essencial que nos pareça, não deixa de ser muito sumária. Para a operação de fixação concorrem ainda muitas outras conjunções necessárias. Entre elas podemos citar, sem outro comentário, a repetição de uma série de prazeres análogos (utilização das mesmas zonas do corpo), ainda não marcados ou isolados como tais e, sobretudo, como já a havíamos lembrado, a projeção do desejo de um outro sobre o corpo que goza.

Poderíamos tentar, a partir dos dados da análise, uma reconstrução na história de Philippe, e sem dúvida com alguma verossimilhança, da fixação da forma acústica inicial da fórmula imaginando a explosão de um grito enternecido da mãe, escandindo de maneira repetida alguma queda dolorosa: *Poum, pauvre bout* (Pum, pobre coitado).

Poderíamos questionar se a letra que se fixa para constituir um elemento singular do inconsciente do sujeito é a aparição de uma forma nova e original ou se ela constitui apenas uma inscrição nova — uma espécie de apropriação — de uma letra já fixada em seu desenho no inconsciente de outro. Em outras palavras, a forma acústica *Poo* é invenção de Philippe ou simplesmente ele se apoderou dela por sua conta, uma vez que — como nossa reconstituição visava demonstrar — o monema já era uma letra privilegiada do inconsciente materno? A favor desta hipótese, pode ser relembrada a queixa do "Homem dos Lobos": "Não posso mais viver assim", tomada literalmente do discurso da mãe. No entanto apesar dos exemplos que garantem o fundamento da hipótese da letra emprestada, não creio que a fixação de uma letra, o registro de uma forma, sejam sempre o fato de uma simples transcrição. Não só se pode considerar que toda nova inscrição já é uma transformação, uma nova forma, mas deve-se aceitar a possibilidade — de modo algum excluída pela primeira hipótese — da criação por parte de cada um de formas novas e eminentemente singulares como, por exemplo, a forma sincopada ou letra instável que é o *d ' j* da fórmula de Philippe. Isso, é claro, com a condição de não fazermos desse novo uma criação *ex nihilo*, mas que o consideremos apenas como é: o investimento como letra (materialidade abstrata) ou literalização de uma forma acidentalmente privilegiada no correr da história libidinal. Ela não deixa de merecer, por isso, — segundo meu modo de pensar — que seja descrita como uma letra nova; veremos, aliás, que tal possibilidade de formação de termos novos é uma característica necessária da ordem do inconsciente.

O estudo desse tempo de fixação mostra mais claramente *o que é preciso entender por letra,* no sentido em que é considerada como constitutiva da ordem inconsciente. Trata-se logicamente de *um termo formalmente localizável,* cuja natureza intrínseca e paradoxal é ser essa materialidade abstraída do corpo e distinta do objeto. Ela é o traço que esconde o tempo vazio de uma síncope e conota em outro lugar, de modo paradoxal, o intangível intervalo de uma diferença. Ela é esse traço que fixa em um registro estranho o que parece não poder se inscrever, isto é, a anulação do gozo que o tempo do prazer realiza de maneira esvanescente.

Já tivemos ocasião de considerar [7] a relação da letra com os dois termos mais importantes da economia do prazer: a diferença erógena e o objeto. Observávamos que o privilégio da letra consistia em ser — entre a diferença intangível e o objeto — essa materialidade abstrata que pode-se repetir, quase semelhante a si mesma, e que, como tal, constituía certamente o termo cujo possível manejo representava o acesso mais direto à economia do prazer. Com isso já destacávamos como *a pesquisa psicanalítica, baseada na interrogação do corpo do gozo, conduzia necessariamente ao estudo da letra* assim concebida como termo elementar da ordem fundada no gozo que é o inconsciente.

A tentativa de enfoque da ordem inconsciente como ordem da letra será feita, agora, a partir de uma nova interrogação sobre o fato do gozo em suas relações com a função subjetiva. É interessante notar que

7. Ver Cap. 3, p. 61 e s.

a atenção dirigida para a fixação da letra faz ressaltar melhor o ponto vivo da economia do prazer, a saber, aquela síncope, aquele momento de desfalecimento ou, melhor, de anulação. Deixemos bem claro que é difícil falar com pertinência desta anulação, pois, por definição, o zero assim evocado é, por sua vez, realmente anulado como zero enquanto dele falamos como um termo [8]. Esta dificuldade — a linguagem foi feita para assumi-la — não teria mais que um interesse especulativo, se *o zero em questão não fosse, de fato a realidade do gozo*. Além disso, graças a ela vem à luz a característica mais importante daquilo a que chamamos de sujeito: a de ser aquela função alternada capaz de gerar revezadamente sua anulação e a supressão dessa mesma anulação [9]. Em outros termos, a função subjetiva surge como algo que parece suportar ou suscitar o desvanecimento do prazer, ao mesmo tempo em que, por seu privilégio, oculta a anulação do gozo. Não há sujeito concebível a não ser nessa relação de anulação com o gozo e não se pode falar de gozo fora dessa relação de oscilação com o sujeito assim evocado. Em outros termos, mais sugestivos — tirados de J. Lacan — ninguém jamais pode dizer "eu gozo" sem se referir por um abuso intrínseco à linguagem, ao instante do prazer passado ou futuro — instante esse em que precisamente toda possibilidade de dizer [10] se desvanece.

O fato do prazer — seja qual for a orientação do enfoque — faz surgir o que Freud descrevia como redução de tensão, queda ao grau zero de uma homeostase suposta, isto é, a uma anulação relativa, cujo horizonte radical seria o irreversível do gozo que o erótico visa nas conhecidas relações com a morte.

Definamos aqui o termo de gozo, que temos empregado muitas vezes, marca para nós uma espécie de nível primário do prazer, o qual, por sua vez, conota

---

8. Ver a esse respeito: J. A. Miller, «La suture, Éléments de la logique du signifiant» em *Cahiers pour l'analyse*, n. 1-2 (2ª ed.), pp. 46-49.

9. J. Lacan: Sobre esse «eclipse do sujeito», ver, entre outros: «Subversion du sujet et dialectique du désir», em *Écrits*, Seuil, 1966, p. 816. Ver também: sobre a «vacilação»: J. C. Milner, «Le Point du signifiant», em *Cahiers pour l'analyse*, maio de 1966, n. 3, p. 77.

10. J. Lacan: «Há uma coisa que deve ser mantida, isto é, que o gozo é interdito ao falante como tal ou, ainda, que ele só pode ser dito nas entrelinhas...» *Ibid.*, p. 821.

os seus efeitos derivados ou secundários. Nesse nível, radicalmente inconsciente, o gozo designa, de um ponto de vista tópico, o zero em torno do qual se organiza o termo inconsciente (em sua tríplice dimensão, literal--objetal-subjetiva, que iremos explanar um pouco mais adiante). Dentro de uma perspectiva dinâmica, o gozo designa a imediatidade do acesso à "pura diferença" que a estrutura inconsciente impede e dirige ao mesmo tempo.

O sujeito é, pois, essa função correlativa da letra [11], que pode ser definida pela afirmação e supressão alternadas da anulação que é o gozo. Ele fundamenta a possibilidade da letra no tempo da supressão do zero e se sustenta pela literalidade do traço no outro tempo em que ele se esvai para afirmar ou realizar o zero.

Se for retomado aqui o termo de intervalo que havíamos usado para descrever a diferença que cerca a zona erógena, poderemos dizer que a ordem do inconsciente ou da letra se desenvolve em torno dessa pulsação, ou oscilação fundamental, que se passa entre a afirmação do espaço e sua anulação. Isso tudo é apenas outra maneira de descrever a evocação do zero e sua supressão.

Não poderíamos esquecer que, nesse jogo entre a oscilação do sujeito e o traço da letra, uma terceira função assegurada pelo objeto vem atuar como ponto estável como se fosse o negativo do zero.

Descortina-se, assim uma espécie de sistema em três dimensões, como estrutura mínima da ordem inconsciente.

Os três termos letra-objeto-sujeito são constitutivos do inconsciente propriamente dito. Esperamos tê--lo suficientemente demonstrado e ainda voltaremos detalhadamente a cada um deles.

Mas, antes de retomarmos o seu estudo sistemático, divaguemos em breve digressão a considerar, como patologistas, o efeito das alterações da estrutura desse

---

11. J. Lacan: Ver, entre outros, *Écrits*, p. 806: «A submissão do sujeito do significante que se produz no circuito que vai de s(A) a A para retornar de A a s(A) é propriamente um círculo, na medida em que a asserção que aí se instaura, na falta de se fechar sobre outra coisa que não seja sua própria escansão (...), apenas remete à sua própria antecipação na composição do significante, sendo ela mesma insignificante». Ver também a respeito de «relação circular ou a geração recíproca significante--sujeito», J. A. Miller, *loc. cit.*, pp. 49-51.

cerne composto de três elementos. Poderíamos explicar, partindo de suas variações, bom número de destinos patológicos [12]; mas, aqui, contentar-nos-emos com a evocação de dois exemplos de alteração.

O primeiro, de considerável importância teórica, diz respeito ao uso significativo que se faz deliberadamente da letra; pois, concebe-se facilmente que não é fácil tomar a letra... ao pé da letra. O traço literal, aparentemente tão simples de ser captado, só mantém sua existência graças ao zero mais radical, isto é, graças ao inconcebível, ao vazio de uma metáfora espacial, um nada objetivamente, apenas a evanescência mesma de uma anulação alternada e redobrada. É, portanto, natural que o uso comum se incline a fundamentar de outra maneira e erradamente o eixo que é a letra, substituindo o nada alternado que ela conota, por uma coisa, *res*, um objeto justamente, este negativo do nada. Mas a alteração da função literal é então completa: em vez de ser o traço correlativo da possibilidade da anulação, em certo sentido o índice do sujeito, ela se converte no signo representativo de um objeto. Ao ventilarmos o recalque teremos oportunidade de retomar o tema dessa alteração comum e até trivial da função da letra.

Tiraremos o outro exemplo de alteração estrutural da história de Philippe. Pode-se considerar que o recurso — no centro da fórmula literal *Poord'Jeli* — à letra sincopada *d'j* salienta bem, na singularidade de sua organização inconsciente, o cuidado de afirmar ou de reencontrar um acesso comprometido ao jogo do desejo ou da letra. Esta letra sincopada representa explicitamente (seria preciso dizer, de modo pleonástico) o eclipse alternado do sujeito do mesmo jeito que o ato motor da cambalhota representa sua seqüência. Assim, o termo alternado de presença — escamoteação e reaparecimento — parece reconstruir-se com todo o corpo. Podemos interpretar essa singularidade em função da história libidinal de Philippe. Tudo parece ter-lhe ocorrido como se o objeto "primordial" que é o corpo — este lastro ou função estável da estrutura

---

12. Muito sumariamente, podemos indicar aqui que a prevalência de um termo na estrutura constitui o modelo de uma organização neurótica, ao passo que o enfraquecimento de um deles caracteriza a organização psicótica. É evidente que tão condensado ponto de vista exigiria muitos desenvolvimentos e matizes para poder ser sustentado clinicamente.

— tivesse sido, por efeito do desejo materno, desviado de sua função objetal indispensável ao equilíbrio do sistema. Muito cedo, o corpo de Philippe tinha sido investido por sua mãe como letra (mais precisamente, como letra fálica) e, como tal, despojado de sua qualidade de objeto, apesar das aparências de uma extrema atenção dada pela mãe às funções do corpo. A alteração aqui descrita — que consite pois numa espécie de anulação do termo objetal em proveito do termo literal — parece constituir uma das constantes do destino obsessional [13].

O inconsciente ou a ordem da letra não é nada mais que o desdobramento ou a diversificação dessa estrutura, em que o elemento literal surge como correlativo da oscilação subjetiva em torno da anulação do gozo e correlativo também, desse complemento negativo do nada que é o objeto. Em resumo, *três funções correlativas compõem a estrutura elementar do inconsciente o objeto como função estável, o sujeito como função de comutação alternante e, enfim, a letra como função tética.* Passemos ao comentário de cada uma delas.

O objeto, como já foi dito, é a coisa [14], *res*, seja ela qual for, alguma coisa, na medida em que é considerada numa economia de desejo, como aquilo que vem no lugar do inconcebível intervalo do prazer, no lugar da letra perdida. Sua função é "preencher o vazio" e de algum modo ocultar a realidade do gozo. Mas, ao mesmo tempo, podemos dizer que ele surge dessa relação eletiva com o zero, o que lhe dá uma função estável, reflexo obscuro da imutabilidade do nada que ele oculta. Assim como na singularidade do exemplo do "Homem dos Lobos" a objetalidade maciça de um traseiro de mulher provoca o mais violento desejo, como o apelo de um vazio vertiginoso, assim também todo objeto, numa economia de desejo, parece haurir seu poder de atração do zero que ele mascara, *dessa realidade do gozo que ele acalma para manter sua diferença em relação à morte*. O objeto, já dizíamos mais acima [15], é aquilo que se pode conceber

---

[13]. Ver a este respeito a observação de Emmanuel, em X. Audouard, «Un enfant exposé aux symboles», em *Recherches*, setembro 1967, pp. 147-171.
[14]. Esse termo «coisa» me ocorre agora a propósito do objeto. Resta a precisar a relação que pode ter este uso com o que é feito por J. Lacan, desde *La Chose freudienne* até a evocação do ἄγαλμα.
[15]. Ver Cap. 3, p. 62.

como o mais antinômico ao intervalo ou à "pura diferença". Praticamente, como já vimos, a função estável do objeto é assumida preferencialmente pelo corpo, em seu conjunto ou em suas partes, mas também, de direito e de fato, por qualquer coisa que acuse seu vínculo com a imutabilidade do nada, isto é, que assegure essa "função estável". Se a letra pode, de certo modo, — precisamente enquanto materialidade e partícula "destacável" — assegurar as mesmas relações de ocultação com o zero como as que acabamos de descrever, é preciso observar que o objeto, porém, se distingue dela por seu caráter concreto e pela impossibilidade de uma reprodução que o deixe idêntico a si mesmo. Contudo, as relações da função literal e da função objetal são tais que a supressão mais ou menos marcada de uma em favor da outra sempre é possível e até mais ou menos habitual: objetalização da letra, por exemplo, para fazer dela um sinal, como já vimos, assim como literalização do objeto, já descrita na origem do devir do obsessivo. Mais claramente definida é a oposição da função estável do objeto à função do sujeito que agora iremos considerar.

A função de comutação alternante — que designamos como sendo a do sujeito — é, sem dúvida, a mais delicada para se descrever, porque deveria ocorrer simultaneamente em seus dois tempos. Mas isso não passaria de uma dificuldade facilmente transponível se não houvesse o fato de que um dos tempos não é perfeitamente antinômico do outro. Com efeito, um dos tempos da pulsação oscilante desvenda, para além de qualquer objeto, o zero ou a anulação que é o gozo, enquanto que o outro chama a letra que, por seu traço, parece fixar a possibilidade do mesmo gozo. É claro, portanto, que, rigorosamente falando, o traço da letra anula de certa maneira a "pura diferença" ou o "intervalo" do gozo. Suprime de algum modo o absoluto do zero. A função subjetiva parece desvendar o zero ou a anulação que é o gozo, tanto para afirmar sua primazia e a impossibilidade de dizer algo dele como para transgredir ao mesmo tempo o absoluto dessa afirmação. Em outros termos, como já evocamos, a função subjetiva é a que permite que aquele que fala e diz de modo abusivo "Sou aquele que com meu corpo não-

-morto pode gozar" tenha pelo menos possibilidade de gozar ou, em todo caso, de ter acesso a algum prazer através dos desfiladeiros de seu desejo. A função subjetiva exclui todo "substrato": ela é essa própria alternância. A título de ilustração sugestiva, poderíamos até descrever o seu jogo perturbado em proveito de um ou outro de seus tempos: a afirmação repetida da letra na série obsessiva ou a afirmação reiterada do vazio na série histérica. Mas vemos que essa função de pulsação — que podemos considerar como nodal na economia do prazer — é difícil de se conceber, como acabamos de afirmar. Além de se tratar de função que não exige "suporte" algum para se exercer — ela mesma é essa instância de comutação alternante —, é bom notar que ela tende a escapar ao modo comum de conceituação, na medida em que não cessa de sustentar — está aí a essência de sua função — a mais perfeita antinomia. Essa antinomia se descreve como sendo aquela da afirmação de uma verdade e de sua transgressão ou como sendo a do zero e do um, ou ainda como sendo a da palavra e do gozo. De modo mais aproximativo, poderíamos dizer que a função subjetiva é a contradição nela mesma e que esta particularidade a torna, em geral, difícil de conceber. Não podemos deixar de aludir aqui ao texto por demais conhecido em que Freud tenta descrever o sistema inconsciente e declara que é caracterizado, entre outras coisas, pela ausência de contradição [16]. Não retomaremos separadamente o estudo das relações entre a função de comutação alternante (subjetiva) e a função estável (objetal). Salientaremos apenas, ainda uma vez, antes de voltarmos a isso no capítulo seguinte, que a função subjetiva parece estabelecer-se essencialmente sobre o modo de uma transgressão repetida da função de ocultação do vazio, para evocar a anulação no inconcebível de seu nada. Quanto às relações da função subjetiva com a da letra elas serão estudadas agora numa nova reflexão sobre a função literal.

Em oposição à função de alternante, a função *tética* da letra parece prestar-se mais facilmente à conceituação. É dela que falamos preferentemente quando evocamos a estrutura da ordem inconsciente, a ponto

16. S. Freud, «L'Inconscient», em *Métapsychologie*, Gallimard, «Idées», p. 96; G.W., X, 287.

mesmo de utilizarmos, de modo quase equivalente, a denominação de ordem da letra para caracterizar o inconsciente. Sem dúvida, o próprio dessa função tética é prestar-se à manipulação conceitual. Pelo resto, é verdade que a letra, em sua função tética, constitui naturalmente o emblema do sistema. Precisamos lembrar ainda esta evidência: toda letra implica outra, isto é, todas as outras. Até aqui, já dissemos quase tudo dessa função tética da letra tal qual se apresentava à prática da psicanálise: por ela e só por ela o analista pode dirigir sua ação, já que ela constitui o único acesso à economia do prazer (economia pulsional). Isso não exclui de modo algum — como já lembramos a respeito do difícil problema da fixação — que nas organizações psicóticas possa resultar como necessário e desejável um recurso correlativo a alguma manipulação do objeto [17].

Deter-nos-emos aqui apenas sobre um ponto essencial: o das relações da função tética com as duas outras funções do sistema. Em relação à função subjetiva da pulsação oscilante, devemos insistir no fato da correlação absolutamente necessária entre a função tética da letra, de um lado, e a própria possibilidade do exercício da função de comutação alternante, do outro. Esta correlação aparece melhor quando se considera o tempo de afirmação do zero, na medida em que uma certa afirmação supõe necessariamente que a anulação do zero seja colocada como tal. Em resposta a esta anulação do zero, a supressão da afirmação se impõe para garantir seu reaparecimento. A função tética da letra estabelece essa alternância de afirmação e de supressão do zero que é o sujeito.

Para dizer a verdade, a relação dessas duas funções faz emergir o caráter absolutamente recíproco da correlação, pois não seria possível conceber função alternante sem função tética e vice-versa. Mas, acima de tudo, a perfeita reciprocidade dessas duas funções ilustra de maneira exemplar o modo de correlação que se estabelece de fato entre cada par de funções que constituem o sistema-letra-sujeito, sujeito-objeto, letra-objeto.

É preciso sobretudo observar que entre a função estável do objeto e a função tética da letra a confusão pode instalar-se facilmente, bastando para isso nos

17. M. Séchehaye, *La Réalisation symbolique*, H. Hüber, Berne, 1947.

esquecermos de que a função estável não é mais que o reflexo opaco do nada que o objeto afirma sem vacilar. Ora, se a função tética, por definição, afirma igualmente, mas "determinando", o que ela parece afirmar — acabamos de vê-lo — é a própria vacilação do sujeito, sua função de pulsação oscilante. Sem dúvida, essa função tética só se realizaria em referência (recíproca aliás) à função estável que faz, em uma linguagem aproximativa, o zero sempre presente. Mas não deixa de ser a letra que coloca a oscilação do sujeito, enquanto no lado oposto, o objeto marca sem vacilar o lugar vazio e silencioso do gozo.

O elemento inconsciente, tal qual o pudemos localizar na análise de Philippe, ao soletrarmos a fórmula *Poord'jeli*, exige ser pensado em suas três funções, simultaneamente. *O elemento inconsciente*, não é *somente a forma literal* em sua abstração, mas *é, além disso e ao mesmo tempo, o objeto em sua opacidade* e *o sujeito em sua oscilação*. Tomemos como exemplo o termo central da fórmula, *d' j*. Ele exige ser pensado de uma só vez: como o efeito de um corpo que dá uma cambalhota — como aquelas bonequinhas lastradas que conservam um perpétuo equilíbrio em qualquer posição, sempre estáveis e instáveis —, como síncope do sujeito em torno do tempo do prazer que é o momento de reversão e, enfim, como o traço da letra *d' j*. Resumindo com outras palavras, a função literal desse elemento inconsciente é estritamente correlativa às duas outras funções que são a oscilação subjetiva e a irredutibilidade do nada objetal, esse "engodo de produção" para o nosso paciente.

Como já foi dito, de qualquer maneira a função tética, ou a função literal, por sua própria natureza, se propõe como insígnia do sistema inconsciente. Por essa razão, presta-se, fora da ordem inconsciente, a esse destino privilegiado que, radicalizando sua abstração, oculta ou recalca sua correlação essencial com as funções subjetivas e objetais.

Parece-nos possível então — com esse sistema constituído por uma função de comutação alternante, por uma função estável e por uma função tética — caracterizar o essencial da ordem inconsciente e denominá-lo, a justo título, com o nome da função tética: ordem da letra.

Falta, evidentemente, situar as relações do inconsciente assim descrito com a ordem do consciente, ordem de que pouco falamos até o momento. Isso faremos no próximo capítulo. Mas, desde já, é preciso lembrar que este tempo é indispensável para que possam situar-se corretamente as formações sintomáticas com as quais se defronta de fato o analista.

É preciso lembrar isso porque o fato de promover, como acabamos de fazer, a simplicidade exemplar de um sistema de três termos [18] como modelo mínimo da estrutura inconsciente pode parecer desconcertante. Isso porque habitualmente é a complexidade que caracteriza o enfoque do fato inconsciente, através do prisma das formações intermediárias e da irredutibilidade do "efeito consciência", de que falaremos depois [19] e ao qual nós estamos inevitavelmente presos.

É certo que a tríade objeto, letra e sujeito se oferece facilmente a uma esquematização simplista demais, na medida em que a trivialidade dos termos, que caracterizam as três funções, pode servir de pretexto para dissimular a originalidade radical de seu emprego na descrição do inconsciente.

É a ocasião para lembrarmos a incidência, nessa ocorrência, de uma dificuldade lógica crucial, a saber, que o uso da função tética ou literal na elaboração de um discurso teórico não poderia ser senão relativamente abstraído de suas correlações essenciais com as funções objetal e subjetiva. Mas simplesmente, digamos que como efeito de uma convenção — cuja natureza ficaria por analisar — é negada a implicação "subjetiva" de um discurso teórico.

Parece, pois, inútil pretender evitar absolutamente o risco de redução simplificadora de uma descrição do inconsciente. Querer "colocar" de maneira radical a objetalidade, a literalidade ou a subjetividade da ordem inconsciente, para melhor distinguir o conceito da acepção comum das palavras em questão, seria encetar um processo "neurótico" (ou perverso) de objetaliza-

---
18. Seria mais exato falar de *quatro* termos, uma vez que *uma* letra implica, pelo menos, *duas*.
19. Ver Cap. 7, p. 123.

ção da letra, negando com isso a intenção que o subentende no processo. Produzir os conceitos dos elementos que formam o inconsciente é, antes de mais nada, *reconhecer a origem inconsciente do processo de conceituação* — o que será desenvolvido mais adiante, a propósito do recalque — e levá-lo em conta na própria elaboração teórica.

Esta breve digressão sobre as regras próprias que o enfoque do fato inconsciente impõe não poderia dispensar-nos de fundamentar, com fatos da prática analítica ou com elaborações teóricas, o valor heurístico e operacional do modelo sistemático de três (ou quatro) termos.

Acontece que, no exemplo da análise de Philippe, é uma jaculatória verbal, fórmula de três termos, que se desvenda como seqüência inconsciente mínima. Parece que aí, como já indicamos de passagem, o elemento inconsciente — tal como pode ser apreendido ou colocado na unidade da letra — não poderia ser concebido fora de sua articulação manifesta ou latente com outras letras. Mas, deixemos de lado, por um momento a questão colocada pela existência de um conjunto inventariado de letras, de um alfabeto, para sermos breve.

Sublinhemos antes o enfoque novo apresentado por nosso modelo sistemático para explicar o fato da organização dos elementos dentro de uma seqüência ou cadeia. Conceber o elemento inconsciente como constituído por três funções permite-nos representar o encadeamento dos termos entre eles de maneira mais diferenciada e, quiçá, compreender de um modo mais específico a articulação. Assim poderemos, segundo o modelo da forma química de um corpo, afetar cada função de um mesmo elemento com uma valência mais ou menos forte. Seria, então, possível reconhecer valências diferentes em cada função de tal elemento. Por exemplo, o *d' j* da fórmula de Philippe seria provido de uma forte valência subjetiva e de uma função literal de valência fraca. Considerando, a seguir, o termo *li* como sendo de forte valência literal e de pouca valência subjetiva, poderíamos explicar a articulação particular desses dois termos, na medida em que, esquematicamente, um elemento de função subjetiva fraca se articulasse de preferência com um elemento de forte função subjetiva. Acrescentemos que, nesse caso, uma interrogação semelhante a respeito do termo *poor* faria aparecer o predomínio de sua função objetal.

A organização dos elementos em uma seqüência articulada ou cadeia encontra nesta hipótese — possibilitada pelo desdobramento tripolar de cada elemento — uma justificativa que, a nosso ver, substitui com vantagem a única descrição do fato da concatenação.

Não esqueçamos que o nível de análise de fatos "puramente inconscientes", que nosso exemplo coloca em evidência, não poderia ser transposto sem outro procedimento para a abordagem das manifestações sintomáticas imediatas do tipo do *lapsus* ou do conjunto de fantasias. A propósito disso, digamos sumariamente que a incidência do recalque propriamente dito — e, portanto, do retorno do recalcado — exige ser estudada a fim de que se precisem os modos de derivação e de alteração por que passam os elementos inconscientes antes de se introduzirem no corpo do discurso que se realiza. Estudaremos isso com mais detalhes no final do capítulo seguinte.

Resta agora considerar a importante questão do conjunto das letras necessariamente implicado na análise de um elemento ou de uma seqüência de elementos inconscientes. Como uma letra não pode, por definição, se conceber fora de sua articulação com outras letras, assim também o encadeamento específico que determina tal inconsciente em particular não poderia se conceber fora do conjunto do "sistema de letras". Mas, precisamente, a questão é saber como deve ser concebido tal conjunto [20].

Já detalhamos suficientemente, até aqui, o fato de que a determinação ou a criação de uma letra ou termo inconsciente, em particular, dependia essencialmente,

---

20. Reconhecer-se-á, nesta questão, um enfoque pessoal da noção lacaniana de «grande Outro» (*grand Autre*) ou «O» (*A*) na medida em que se retém, por exemplo, sua definição: «O (A) *é o lugar do tesouro do significante*, o que não quer dizer do código, porque não é que aí se conserve a correspondência unívoca de um sinal com alguma coisa, mas que o significante só é constituído por um ajuntamento sincrônico e enumerável, em que cada qual apenas é sustentado pelo princípio de sua oposição a cada um dos outros». J. Lacan, «Subversion du sujet et dialectique du désir», em *Écrits*, Seuil, 1966, p. 806.

em cada caso, do sistema próprio em jogo no desejo dos pais ou do meio ambiente primário. Com isso, não precisamos voltar à descrição desse efeito de determinação, centrado — convém lembrar — em torno daquilo que denominamos criação de zonas erógenas.

A existência de um conjunto repertoriado de letras não poderia, a nosso ver, ser considerada fora de sua "origem" ou, melhor, de sua natureza.

Se a psicanálise faz surgir a natureza da letra como materialidade abstrata do corpo, nada impede dizer que a letra assim concebida caracteriza a própria essência da literalidade. Nada, a não ser a extensão do efeito do recalque (sobre o qual nos alongaremos bastante), cujo impacto podemos pressentir ao evocarmos a intenção dominante de dessexualização da letra que encabeça tal processo. Esta intenção pode ser notada ao nível do modelo sistemático, como o acento colocado mais sobre a distinção que sobre a correlação com as funções objetal e subjetiva.

Assentemos, de início, que o alfabeto capaz de realizar o conjunto dos termos que entram no sistema literal pode ser considerado como em curso de perpétua constituição jamais acabado, e que está constituído para toda a eternidade.

Aqui se impõe uma observação essencial. Entre o "jamais acabado" e o "constituído para toda a eternidade" aparece, no conjunto, a função da falta, "no lugar", poderíamos dizer, do termo que coloca (ou pode colocar) o conjunto como tal. Já sabíamos que a letra se fundamentava em sua função tética (como cada um dos outros pólos em sua função própria) pela afirmação transgressiva da radicalidade do zero. Agora, a anulação parece ter seu lugar marcado como essencial em toda concepção possível de um conjunto de letras.

Concretamente, podemos dizer — antes de a isso voltarmos mais detalhadamente na conclusão — que "cada um" se afirma ao mesmo tempo em que coloca o conjunto dos outros "cada um", no qual ele falta. Além disso, notemos por alto, que a falta em pauta já fora evocada, de modo figurado, como "letra perdida" no lugar da qual se abre a zona erógena [21].

21. Ver Cap. 3, p. 62.

É quase a um conto que vamos apelar para realçar nosso modo de conceber o conjunto das letras. Se empreendermos, por exemplo, a construção de uma gênese desse conjunto, consideraremos o jogo do desejo que anima a atividade sexual, em seu duplo aspecto de concepção e de conceituação, de geração objetal e literal. Para esta "célula familiar", escreve-se um primeiro alfabeto composto dos gestos e das palavras de amor ou de ódio. A partir daí é fácil conceber seu perpétuo enriquecimento no decorrer das gerações e poderíamos mesmo notar as reduplicações, fixações e clivagens que marcarão a instituição das tribos, como também suas cisões sucessivas, nas histórias de guerra e de paz.

Mas, podemos também — em oposição a essa visão genética — considerar que o fato do sexo, na monotonia de sua determinação, obriga todos a se submeterem a ele: o que equivale afirmar que com a diferença sexual tudo já está escrito.

É certamente esta última maneira de conceber o sistema literal que prevalece hoje em dia. O conjunto das letras é descritivamente colocado como existente, um ponto, é tudo. Nosso trabalho visa, entre outras coisas, fazer aparecer o que tal proposição "esquece" ou recalca: *não há letra nem conjunto de letras concebível fora de uma referência explicitamente articulada à diferença sexual.*

O conjunto de letras pode então ser descrito como corpo (ou livro) em que se inscrevem e são inscritos os traços que limitam o gozo. É esse corpo — em sua alteridade primeira e a falta constitutiva do termo que o denomina — que se acha implicado pelo uso de toda letra. Esse corpo ou, melhor, essa série de corpos gerados constitui esse *outro* campo, a um tempo completo e incompleto, ao qual se referem necessariamente toda literalidade, objetalidade e subjetividade possíveis.

Como veremos em nossa conclusão, é a relação bem problemática da função subjetiva com o conjunto do sistema literal assim concebido que permite caracterizar a dimensão essencialmente psicanalítica da "transferência".

7. O RECALQUE E A FIXAÇÃO OU A ARTICULAÇÃO DO GOZO E DA LETRA

O inconsciente foi sempre considerado por Freud como um sistema primário em oposição ao processo secundário dos sistemas consciente e pré-consciente. Não é essencialmente em um sentido genético que convém entender essa distinção entre primário e secundário. A primariedade dos processos inconscientes deve ser, antes de tudo, considerada como a afirmação de sua primazia na ordem lógica. O cuidado que tivemos para estabelecer um modelo mínimo da estrutura inconsciente corresponde ao que pensamos ser o sentido freudiano do termo primário.

Retomando nosso modelo estrutural de três (ou quatro) termos vamos agora destacar seu caráter precário que necessariamente se acrescenta aqui ao de sua primariedade. Praticamente, devemos reconhecer que o sistema parece sempre ameaçado por uma espécie de reabsorção na própria anulação, cuja permanente transgressão ele garante. Sem dúvida, é essa espécie de tendência fundamental do sistema primário para o seu próprio aniquilamento que Freud observou e sustentou contra todos como "pulsão de morte". Mais detalhadamente podemos de fato notar que, em nossa formalização mínima, o conjunto das relações recíprocas que descrevemos tendem a manter em torno do zero radical um jogo que o produz por meio do objeto, o representa pela letra e o oculta pela alternância do sujeito. Pela articulação da letra, que é a palavra, o horizonte do gozo em sua anulação não cessa, como a beatitude na palavra de Deus, prometida e recusada, outorgada somente depois da morte. Assim, a letra, essa função tética de uma pulsação oscilante, não cessa de ser atraída no sentido de uma redução significativa que a torna representativa do objeto. Igualmente, a função subjetiva de pulsação oscilante não cessa de ser atraída para a redução de uma função estável, colorida para a circunstância com uma tinta complementar àquela com que se pinta o objeto.

Após essa lembrança da instabilidade do sistema oscilante que é o inconsciente — aparentemente ameaçado a todo instante de reabsorção — compreenderemos melhor por que ele tende a suscitar a organização paralela de um sistema antinômico ao seu, capaz de assegurar-lhe de algum modo uma organização menos precária. Chamaremos isso de *"o efeito consciência"*. Que essa fórmula representativa não deixe, no entanto, supor aqui alguma intenção finalista. Com outras palavras mais comedidas, digamos que é próprio da ordem do inconsciente suscitar — como acabamos de demonstrar — o deslize da letra em direção ao sinal indicador do objeto e gerar — partindo da função de comutação alternante do sujeito — uma instância unificante e estável, a que chamaremos de ego (*moi*). É também da natureza própria da ordem inconsciente manter a função estável do objeto, deixando "esquecer", por assim dizer, que o objeto tem essa estabilidade devido ao absoluto do zero que ele mascara. A partir desses três elementos derivados — *o signo, o ego e o "termo" objetivo* (em oposição à "função estável") — compõe-se um sistema paralelo ou derivado — sistema secundário consciente-pré-consciente na terminologia freudiana — cujas leis serão evidentemente antinômicas àquelas do sistema primário ou original. Não nos deteremos nessas leis que regem o sistema da consciência. Elas são por demais conhecidas por todos, psicólogos ou não. Bastará, para nós, afirmá-las como antinômicas às leis do inconsciente.

Se continuarmos a situar, desta maneira concisa, a organização psíquica em seu conjunto — consciente-pré-consciente de um lado e inconsciente do outro — veremos logo que o recalque — essa barreira ou "pedra-angular" sobre a qual descansa todo o edifício da psicanálise [1] (e toda a teoria do psiquismo) — tem como primeira função garantir alguma "pureza" à ordem inconsciente. Reencontramos curiosamente, com esse termo de "pureza", a linguagem tirada ao moralismo que se mantém comumente a propósito do recalque, mesmo porque, num primeiro enfoque, ele é concebido geralmente como um processo de expurgo, em nome de uma norma moralizadora, o sistema consciente de alguma realidade inconsciente e libidinosa inaceitável. Mais simplesmente — e opondo-se a uma concepção normalizadora (ou moralizadora) — o recalque aparece como operação que mantém a separação nítida entre ordem primária e as alterações sobre as quais se fundamenta a ordem secundária. Ao mesmo tempo, ele assegura a articulação dos dois sistemas.

Para descrever com maior precisão o fato fundamental do recalque, vamos interrogar de novo a análise de Philippe. O trabalho da psicanálise, lembremo-nos, detendo-se na efígie enigmática do lendário animal unicórnio do sonho, e, desenvolvendo os encadeamentos literais condensados na palavra *Licorne*, fez com que surgisse a profunda coerência inconsciente da fórmula *Poord'jeli*. Podemos perguntar: a partir de quando o trabalho analítico levantou a barreira do recalque e abriu um acesso à ordem inconsciente?

---

[1]. S. Freud, «Contribution à l'étude du mouvement psychanalytique», em *Cinq leçons sur la psychanalyse*, Petite Bibliothèque Payot, 1968, p. 81; G.W., X, 54.

Podemos dizer que foi desde o instante em que a atenção foi dirigida para a estrutura literal da representação do *Li-corne*. Desde esse momento, o caminho estava livre para a seqüência que se desenvolveu: Lili — sede — praia — rastro — pele — pé — corno. Mas, se nos mostrarmos mais exigentes em situar esse instante do levantamento do recalque, é preciso dizer que foi no momento em que conseguimos nos desprender do valor altamente significativo de uma representação lingüística tal como *joli corps de Lili* para fazer surgir a estrutura literal. Foi nesse momento que se realizou, no caso dessa análise, aquilo que se pode chamar, com razão, de levantamento do recalque. Esse passo dá acesso à ordem inconsciente como tal numa fórmula literal — *Poord'jeli* — desprovida de significado mas carregada, em sua permanência, de imperativos libidinosos.

Sem dúvida, a respeito da natureza daquilo que cai de verdade sob o golpe do recalque, duas concepções podem aqui se defrontar.

De um lado, podemos dizer, apoiados em sólidas razões, que a representação *joli corps de Lili* é o tema principal do recalque. Como substituto materno, Lili constitui um objeto incestuoso — por isso mesmo interdito — que a organização consciente se vê obrigada a recalcar para as partes inferiores do inconsciente. Percebemos nitidamente nessa concepção o moralismo de que falávamos há pouco e que tende a imputar a alguma norma consciente a não-aceitabilidade da representação incestuosa, condenada, em suma, como má, imoral ou perigosa. Mas, acima de tudo, como fica claro, semelhante concepção coloca simplesmente como aceito pelo uso o fato do interdito, sem o questionar realmente.

De outro lado, podemos dizer, atendo-nos o mais possível ao texto da análise, que o que cai sob o golpe do recalque é realmente a jaculatória inconsciente *Pood'jeli*. Numa primeira abordagem, suas razões são menos visíveis. Do ponto de vista consciente, a fómula parece muito "inocente". A questão do porquê desse recalque, responderemos abrupta e simplesmente: *a fórmula é recalcada porque ela é inconsciente*. Expliquemo-nos: o inconsciente como tal não seria capaz, por definição, de ocupar um lugar em uma outra ordem que não a sua: *quanto mais um elemento é estruturalmente inconsciente*, no sentido em que o definimos, *tanto menos poderá ter acesso a uma ordem em que nada o pode acolher,* a não ser para se alterar por sua vez. Praticamente, é preciso dizer que essa alteração consiste, quase sempre, em um deslize da função literal para um valor significativo. Assim a letra *li* — com sua única função tética ou representativa da comutação alternante do sujeito, que a mantém, enquanto letra, ligada a qualquer outro traço garantindo a mesma função — passa a ter valor significativo na ordem consciente, reprsentando o objeto *lit* (leito, cama) e, por que não, o *lit* de Lili. Vemos, pois, que o recalque, dentro de uma concepção mais rigorosa, não é nada mais que aquele limite que separa a ordem primária do inconsciente e a articula com o sistema secundário consciente-pré-consciente. É possível compará-lo, estaticamente, a uma barreira. Sob ponto de vista dinâmico, ele pode ser representado como uma força de repressão ou, ao contrário, de defesa. Nesta acepção dinâmica, basta precisar se estamos falando do ponto de vista do sistema primário ou secundário para determinar, ao mesmo tempo, se fazemos dele uma força que repele — ou suscita — o sistema consciente para fora da ordem inconsciente ou, ao contrário, uma instância protetora (no sentido consciente) que recalca qualquer elemento heterogêneo na derivação própria de seu sistema.

Impõe-se, agora, uma digressão sobre a natureza do interdito. Ja levantamos a questão a respeito da primeira concepção do recalque, mas a deixamos sem solução. Essa questão surge como exemplo da implicação moral afixada na natureza do recalque e veremos porque é possível dizer que o interdito não é a conseqüência de alguma posição moral, mas é, em sua natureza, aquilo que fundamenta a própria possibilidade de uma dimensão moral. Sobretudo, a natureza do interdito levanta um problema de primeira importância para uma ciência como a psicanálise, cuja prática e teoria estão centralizadas no núcleo do complexo de Édipo, portanto, do interdito do incesto principalmente e... de sua transgressão.

Rigorosamente, *o interdito se apresenta como a*

barreira de um dito, isto é, como o fato de uma articulação literal, escrita ou falada. Mas dois níveis se oferecem ainda à interpretação desta definição do interdito. O primeiro e mais comum é aquele que considera o dito como uma sentença significativa, cuja injunção é imperativa nos moldes dos Mandamentos: não matarás. Este nível de interpretação da natureza do dito como interdição implica que se estabeleça todo um cortejo de razões, divinas ou naturais, destinadas a fundamentar o absoluto do interdito: não matarás porque Deus o mandou... porque é preciso respeitar a vida... porque tu não queres, por tua vez, ser morto por outro... porque o gênero humano correria o risco de se extinguir... e assim por diante. Vemos que a questão, na realidade, não poderia ser resolvida por esse nível de interpretação, quando muito indefinidamente deslocada.

O outro nível de interpretação é aquele que considera o dito em si mesmo como barreira, limite. O interdito é, então, a articulação literal em sua formalidade gráfica ou vocal, na medida em que ela é — como já foi dito de acordo com J. Lacan — exclusiva do gozo. Aquele que diz, por seu dito, se interdita o gozo * ou, correlativamente, aquele que goza faz com que toda letra — e todo dito possível — se desvaneça no absoluto da anulação que ele celebra. *O interdito é a articulação literal considerada em sua função de limite ao gozo.* Embora não convenha neste nível da análise confundir a letra e o signo, é bom relembrar a distinção entre gozo e prazer. O gozo, de que se trata aqui, é a imediatidade do acesso à "pura diferença" que o erótico busca em seu extremo limite com a morte e até, por vezes, na anulação desse limite. O prazer é a representação desse acesso, gozo temperado pela segurança de uma reversibilidade na economia oscilante e cíclica do desejo propriamente dito.

Podemos lembrar aqui que já consideramos esse tempo de anulação denominado gozo: uma vez para descrever o fato do prazer e o intervalo da zona erógena e outra, na descrição da estrutura inconsciente. Nesse último ponto ele aparecia como "positivo" da função estável do objeto e como uma das vertentes da

---

* Jogo de palavras: «cèlui qui dit, par son dit, s'interdit la jouissance...» (N. dos T.).

função de comutação alternante do sujeito. A dificuldade sempre renovada na evocação dessa função zero é análoga àquela que podemos encontrar se quisermos conceituar o não-conceito da diferença (pura), diferença, no entanto, constitutiva de qualquer conceitualidade possível. O que devemos captar aqui é que, na estrutura inconsciente, *esse tempo de anulação ou gozo se apresenta como a irredutível realidade no desabrochamento de seu nada* ou, ainda, como *causa absoluta* de toda função possível, estável, alternante ou tética, no mesmo sentido em que, na ordem biológica, nenhuma vida se concebe senão como mortal. Pelo resto, é evidente — destaquemos de passagem — que o gozo não poderia, por isso mesmo, ser pura e simplesmente confundido com a morte, a não ser que se queira confundir a ordem inconsciente com a ordem biológica. O que adiantamos pode vir resumido nestes termos: *o gozo é a causa da ordem inconsciente*.

Vemos então que, se convém estabelecer que o dito, como articulação literal, interdita o gozo, é preciso considerar, ao mesmo tempo, que o gozo como anulação apaga o dito e instaura a transgressão pela qual será suscitado imperiosamente um novo dito (ou a repetição do mesmo) para que o gozo seja ainda possível. Essa relação recíproca do gozo e da letra pode ser considerada como um ciclo essencial.

O fato da transgressão aparece como fundamentalmente correlativo à dimensão do interdito. Em outras palavras, o gozo e a letra podem ser considerados como se gerando reciprocamente. O intervalo, a "pura diferença" ou a anulação, através dos quais se demarcou o gozo do corpo, geram a letra como marcha da zona erógena — tal como explicamos longamente [2] — e, correlativamente, o gozo só pode ser reencontrado em um movimento de transgressão da barreira da articulação literal, barreira essa, no entanto, que ela gerou. Esse movimento de transgressão, que encontra aí sua definição "estrutural", é essencial para quem se coloca a questão de uma possível prática psicanalítica.

Retomemos, após essa longa digressão sobre o interdito e a transgressão, o fato crucial do recalque. Em sua acepção primária, é a pedra angular da ordem inconsciente. Em sua acepção secundária, marca a se-

2. Ver Cap. 3, p. 59 e s.

paração entre o inconsciente e o sistema consciente-pré-consciente.

Levantar o recalque — nisto se pode resumir do modo mais simples o processo da ação psicanalítica — deveria rigorosamente entender-se como o fato de duas operações mais ou menos distintas na prática.

A primeira consiste em atravessar a cortina da ordem secundária consciente-pré-consciente, em se desprender de algum modo do fascínio de uma rede significativa, para reencontrar os elementos literais que os subentendem e constituem a estrutura inconsciente propriamente dita. Assim, no exemplo do sonho da monografia botânica, essa primeira operação consiste em colocar em destaque — para além dos temas significativos de justificativa e de rivalidade profissional — o termo *botânica* que, por uma série de articulações tanto formais quanto significativas, conduzirá à verdade do desenho inconsciente: *pflücken, entreissen*: colher, arrancar. Pode-se, contudo, reconhecer nessa primeira operação o emprego do processo empírico de livre associação que, pela solicitação implícita de um encadeamento verbal desligado de sua necessidade expressiva ou significativa, favorece o levantamento desse nível de recalque secundário que tende justamente a separar a ordem consciente-pré-consciente da ordem inconsciente. A maior parte da prática analítica se desenrola nesse nível e, temos razões para dizer, com Freud, que esse nível de recalque secundário constitui o recalque propriamente dito.

O outro nível de recalque, primário ou originário, é aquele que é realmente constitutivo da ordem inconsciente, fundamentando, ao mesmo tempo, a possibilidade do recalque propriamente dito ou recalque secundário. No exemplo da análise de Philippe, podemos reconhecer o efeito desse recalque originário, em algo de prazer que a jaculatória repetitiva *Poord'jeli* evoca de maneira nitidamente demarcável e na função de determinação que essa fórmula preenche ao mesmo tempo, em relação a um gozo em que a organização erógena tende a se dissolver. Na análise de Freud, a "alegria infinita" com que, em companhia de sua irmã, arranca as folhas do livro de gravuras sobre a viagem à Pérsia ultrapassa em intensidade tudo o que um termo como *entreissen,* arrancar, poderá evocar, ainda que essa ação tão exaltante de arrancar essas gravuras não passe de uma versão já renovada de algum "primeiro" êxtase ou, pelo menos, de um êxtase mais antigo. Esse recalque primário que separa o absoluto de um gozo mítico de uma possível repetição através do desfiladeiro da letra [3] mostra a estrutura própria da ordem inconsciente na medida em que articula — garante e defende — a antinomia do gozo e da letra.

A precariedade da ordem inconsciente, que anteriormente já apontávamos, manifesta-se clinicamente nas organizações psíquicas de tipo psicótico. Em tais casos, parece que o recalque não se teria exercido, ao mesmo tempo, na medida em que os mecanismos próprios da ordem inconsciente se manifestam de maneira mais ou menos patente à luz do dia — fato indicativo de falta de recalque propriamente dito — e na medida em que as próprias estruturas inconscientes se demonstram enfraquecidas ou, pelo menos, precárias, como se as funções que as asseguram estivessem inseguras — fato indicativo de falta de recalque originário. Nesse nível, fundamental para qualquer compreensão possível do fato psicótico, parece sobretudo que a função de comutação alternante está profundamente alterada, como que bloqueada em seu tempo de abertura para a anulação. Assim, acham-se correlativamente perturbadas tanto a função estável quanto a função tética, a ponto de — como já lembramos — uma não se poder mais distinguir da outra e as letras serem ali manipuladas como objetos ou, reciprocamente, os objetos como letras. Na mesma perspectiva, podemos dizer de maneira equivalente que o psicótico é banido de

---

3. Esta expressão faz eco àquela de *défilé du signifiant* (desfiladeiro do significante) empregada por J. Lacan. Ver J. Lacan, *a)* «Situation de la psychanalyse en 1956», em *Écrits*, Seuil, 1966, p. 468; *b)* «L'Instance de la lettre dans l'inconscient», *Ibid.*, p. 495; *c)* «La Direction de la cure et les principes de son pouvoir», *Ibid.*, 618. Esses textos demonstram que, para J. Lacan, a expressão «desfiladeiro do significante» caracteriza de modo figurado o efeito formador da prevalência da ordem significante: «O homem está, desde antes de nascer, e para além da morte, preso na cadeia simbólica (...) no jogo do significante» (a); «A linguagem, com sua estrutura, preexiste à entrada que nela faz cada sujeito» (b); «A onipotência materna (...) suspende no aparelho significante a satisfação das necessidades (...) parcela-os, filtra-os, modela-os nos desfiladeiros da estrutura do significante» (c).

O emprego que faço da metáfora do desfiladeiro a propósito da função tética difere sensivelmente do uso lacaniano enquanto acentua a outra extremidade do desfiladeiro: no ponto em que o traço constitui eclusa e até mesmo barreira ao gozo.

qualquer gozo ou que, para ele, tudo é gozo, tudo são fórmulas que marcam a falta do recalque originário, essa "primeira" clivagem entre a letra e o gozo. A ausência ou a fraqueza da organização consciente nesses sujeitos [4] pode ser compreendida apenas como uma falta do recalque propriamente dito, conseqüência evidente da falta de "recalque originário".

Mas persiste aqui uma questão de importância capital: como se realiza o recalque originário? Interrogação legítima e necessária na medida em que, como acabamos de ver, esse tempo parece faltar no caso dos destinos psicóticos. Freud levantou a questão e ao mesmo tempo tentou respondê-la em uma passagem bastante breve porém de difícil interpretação, de seu artigo sobre o recalque [5]. Ele descreve aí o recalque originário como primeira recusa de um representante pulsional pelo consciente. Mas nada diz sobre o mecanismo ou a causa dessa recusa, a não ser, em outra passagem, que é da ordem do contra-investimento. Por essa primeira recusa estabelece-se uma *fixação* e o representante em questão passa a ser um elemento constitutivo e invariável do inconsciente. Relembremos a tal propósito que já tentáramos (antes mesmo de termos desenvolvido a estrutura inconsciente) abordar esse problema importante para qualquer concepção do recalque da fixação, contentando-nos naquela oportunidade [6] com uma ilustração da economia geral do processo, tal como o fato psicótico impunha teoricamente sua reconstrução.

Nosso questionamento a respeito da natureza do recalque originário nos conduz, pois, a uma segunda e importante digressão para retomarmos o estudo do tempo essencial da fixação.

---

4. Noção que não se deve assimilar muito apressadamente àquelas, clássicas em psicanálise, de «ego forte» e «ego fraco».

5. S. Freud, «Le Refoulement», em *Métapsychologie*, «Idées», Gallimard, p. 48; *G.W.*; X, 250. «Temos, pois, fundamento para admitir um recalque originário, uma primeira fase do recalque que consiste em que ao representante-psíquico (representante da representação [J. Lacan] ou representante-representação [J. Laplanche e J. B. Pontalis] *Vorstellungs-Repräsentanz)* da pulsão seja-lhe negado o acesso ao consciente. Com ele produz-se uma fixação. O representante correspondente subsiste a partir daí de modo inalterável e a pulsão permanece ligada a ele». O impasse do problema formulado nesses termos está em que a operação «originária» que constituiria a clivagem entre consciente e inconsciente apela para um sistema consciente já constituído: «... é-lhe negado o acesso ao consciente».

6. Ver Cap. 6, p. 102.

Relembremos a definição que dávamos da erogeneidade como sendo diferença fixada em seu irredutível intervalo. Lembremo-nos também da pequena cena descrita para ilustrar esse tempo da determinação de uma zona erógena: a suavidade do dedo da mãe, brincando "inocentemente" como nos momentos de amor, que vem inscrever sua marca, letra do alfabeto do desejo, na delicada covinha que ele acaricia. O intervalo está fixado e uma zona erógena está constituída. Em sua simplicidade, essa conjuntura vai nos permitir detalhar a disposição necessária para que se opere uma *fixação* e seja assegurada uma clivagem. De início, é preciso: que a carícia ao nível da covinha seja sentida como prazer; que uma diferença entre as duas bordas da encantadora depressão tenha sido sensível, intervalo que vai se marcar e que, por ora, reduziremos à fórmula C_1-C_2, inscrevendo esse intervalo entre dois pontos sensíveis, mas ainda não erógena, da covinha. A seguir, é preciso — para que tal carícia seja tão intensamente sensível, agradável e diferente do contato de um pedaço de lã ou das costas da própria mão da criança — que a epiderme do dedo acariciador seja particularmente distinguida como sendo de outro corpo, intervalo que formularemos em C_u-D_o, covinha de um, dedo do outro. Finalmente, é evidente que — para que este último intervalo possa ser realmente distinguido nessa clivagem de alteridade — a condição mais importante e absoluta é que o dedo acariciador esteja constituído como erógeno (na economia do corpo do outro), intervalo que poderemos formular como D_1^e-D_2^e marcando assim a diferença sensível, e já erógena para ela, da ponta do dedo da mãe.

Nessa conjuntura pode-se considerar que ocorreu uma clivagem entre o gozo imperceptível, em sua essência, e uma letra — que podemos representar aqui precisamente pelo traço de um índice — pelo que fica como que aberta a via em direção à síncope de um prazer análogo. A operação de clivagem ou do ponto de vista literal, o processo de fixação, parece, na ocorrência descrita, ser efeito de um encontro ou conjunção de três ordens de intervalos: sensibilidade esquisita, ainda não erógena, da covinha (C_1-C_2); erogeneidade do dedo do outro (D_1^e-D_2^e); diferença de um e de outro (C_u-C_o). Notemos, contudo, que nenhum dos intervalos pode ser realmente considerado fora de suas relações com os dois outros e que não seria possível, então, descrever zonas de sensibilidade esquisita (C_1^e-C_2^e) fora desse encontro de dois corpos (C_u-C_o) e que esse mesmo encontro ou essa alteridade não poderia se como tal a diferença erógena (D_1^e-D_2^e). Mas, por outro lado, podemos considerar nessa conjuntura em que se encontram três intervalos correlativos, que a diferença erógena merece ser particularmente distinguida na medida em que é, intrinsecamente portadora de uma letra em sua originalidade, — como já foi mostrado — e que, enquanto tal, tudo se passa como se lhe fosse possível gerar outras letras ou, em outras palavras, investir novas zonas de outro corpo como erógenas.

Um primeiro elemento de resposta se impõe à questão que propúnhamos: qual seria o mecanismo dessa primeira fixação ou primeira clivagem com que pode se descrever o recalque originário? É necessário que uma zona erógena venha a projetar seu intervalo ou o índice de sua letra sobre a diferença sensível de outro corpo.

Mas, como pode então suceder que essa operação não se produza ou se efetue de modo tão precário que pareça estar mal assegurada, tal como supomos que deveria se produzir na origem dos destinos psicóticos? A perturbação só pode vir de uma alteração profunda do intervalo erógeno do corpo da mãe, D_1^e-D_2^e, de nosso exemplo. De fato seria excepcional ter de considerar uma anestesia global em que o intervalo C_1-C_2 fosse perturbado; como seria também excepcional a circunstância de uma forma de simbiose prolongada em que a clivagem da alteridade fosse gravemente afetada.

Precisamos, pois, considerar com mais atenção o que designamos como "intervalo erógeno do corpo do outro", enquanto nos parece que sua dimensão própria é essencial para que seja efetuada a clivagem do recalque originário. Já descrevemos amplamente, e recordamos em várias ocasiões, o intervalo ou a diferença que marca o limite da zona erógena, e, por um traço distintivo, a escansão de seu aparecimento como vazio ou anulação. Se antes de chegarmos à questão essencial desta letra, continuarmos por algum tempo a conceber o "intervalo erógeno do corpo do outro" a partir de suas possíveis alterações, parece que podemos distinguir aí também duas ordens principais.

De um lado, podemos considerar que a perturbação do intervalo erógeno, no quadro da ordem neurótica, resulta do efeito do recalque secundário. Nada mais trivial que a extrema erogeneidade de uma zona íntima velada por uma hiperestesia ou uma anestesia que não exige analistas para despertar sua função erógena. Mas pode ser que o recalque seja mais vigoroso e que o conjunto do revestimento cutâneo caia sob o golpe dos seus efeitos. Imagina-se, então, no quadro de nosso exemplo, o pouco efeito "inscritor" que pode ter a mão de uma mãe afligida por tal recalque.

De outro lado, é possível distinguir uma ordem psicótica de perturbação em que a erogeneidade do corpo parental — aquele que deve marcar o outro corpo *infans* [7] com traços libidinosos — é, não recalcada de qualquer jeito, mas insuficientemente "fixada", como se o intervalo, que a deve constituir fosse fundamentalmente incerto, mal ou nada fixado.

Vê-se que, seja qual for a ordem de perturbação considerada do lado do intervalo erógeno do corpo do outro, surge a mesma necessidade de uma letra para testemunhar ou garantir que o corpo do outro é um corpo erógeno e, como tal, suscetível de fazer o corpo *infans* aceder ao gozo, à letra e, daí, à palavra.

Seguramente, poderíamos notar que bastaria para se constituir efetivamente esse recalque originário que o outro, a quem cabe marcar dessa forma a criança, seja realmente dotado de palavra. Isso seria aproximativamente exato. Tanto é verdade que afinal de contas toda articulação literal dá testemunho dessa clivagem primordial entre a letra e o gozo. Mas, essa maneira de dizer permanece muito vaga na medida em que a transmissão da erogeneidade — que é corpo de gozo tanto quanto letra — só poderia se efetuar por uma marca feita em um corpo com um outro corpo e por um traço inscrito diretamente por um corpo sobre outro corpo. O agente dessa inscrição é — como podemos adivinhar — o fálus: órgão tipo da erogeneidade, mas

---

7. *Infans* traduz-se literalmente por: «Aquele que não fala».

também vetor ou testemunha da função de geração (chamada comumente de reprodução).

O estudo do recalque originário nos leva assim, pela interrogação que nos impõe sobre o tempo essencial da fixação, a considerar finalmente a função fálica em seu privilégio. Vemo-nos, pois, obrigados a melhor situar o fálus, tão freqüentemente invocado, elemento distintivo da diferença dos sexos onde o psicanalista se compraz em reconhecer o modelo de toda diferença e portanto de toda literalidade possível. Usando o termo fálus, é preciso destacar a extrema singularidade desta palavra *que designa ao mesmo tempo o objeto pênis* — como parte do corpo e órgão da cópula — *e ao mesmo tempo uma letra*, que pode ser denominada alfa e ômega do alfabeto do desejo. Esta segunda implicação literal da palavra — que impõe em nossa língua a preferência a fálus em vez de pênis — evidencia seu caráter totalmente excepcional de letra original *ou letra da letra*. De um lado o fálus é aquele traço que, isolado em sua ereção em forma de estela ou de obelisco, simboliza universalmente o caráter sagrado e central dessa eminente zona erógena. De outro lado, *ele é, sem outra mediação,* reduplicação ou representação, *em si mesmo, termo diferencial* que faz o corpo macho ou fêmea.

Para que se entenda, porém, essa expressão "letra da letra" ou "letra original" é preciso recordar antes o caráter de materialidade abstrata e, precisamente abstraída do corpo, com o qual definimos o traço literal, tal como ele se apresenta no inconsciente como função tética. Relembremos também que toda letra se escreve ao mesmo tempo que coloca o conjunto das letras pela falta que deixa marcada nela. O fálus — por sua dupla natureza de objeto-parte do corpo e de traço diferencial — assegura paradoxalmente a distinção entre as duas funções estável e tética em razão de representar a impossível e patente confusão do objeto e do traço. A clivagem do gozo e da palavra (articulação literal), em que se reconhece a essência do recalque originário, encontra no traço fálico a letra que o constitui em sua possibilidade, como se esse traço demonstrasse o intervalo que nele se confunde ou, ainda, como se ele fixasse, graças a seu privilégio singular e universal, a essencial diferença que torna possível toda literalidade. Poderíamos encontrar, além disso, na evanescência fisiológica de seu traço, um paradoxal "modelo imediato" da função subjetiva em sua vacilação.

Afirmar que o fálus é a um só tempo a letra e o estilete que a traça não equivale a afirmar que gerar sexualmente basta para garantir, da parte do genitor, uma realização verdadeira do recalque originário. Isso porque nada impede o exercício de sua função orgânica a despeito de todo gozo digno desse nome. Contudo, a implicação fálica em tudo que se relaciona com o gozo isto é, em tudo que se refere à afirmação da letra e à sua transgressão, deve-se ao privilégio dessa parte do corpo de ser em si mesma um termo diferencial (da fundamental diferença dos sexos) sem outra mediação, reduplicação ou representação.

Comentar, agora, o fato da "inscrição por um corpo sobre outro corpo" seria retomar aqui palavra por palavra o que dissemos [8] da criação de zonas erógenas. Dissemos que é nesse impacto do intervalo — concretamente, pelo vetor de uma parte erógena do corpo do outro — que uma zona será circunscrita sobre o corpo visado. Basta acrescentar aqui, em afã de maior rigor, que esse fragmento do corpo do outro só pode ser concebido como termo diferencial (letra) e que, como tal se refere necessariamente ao termo fálico, isto é, fragmento do corpo e termo diferencial.

Em compensação, ainda que muito sumárias, são necessárias algumas observações complementares a respeito da erogeneização das próprias zonas genitais. Isso nos leva a distinguir de imediato o destino do menino e da menina. Do lado feminino, a ausência real do termo diferencial — correlativo à sua presença efetiva no corpo do outro sexo — constitui uma primeira disposição favorável a receber a inscrição erógena, mas se oferece, em razão dessa clivagem precoce, à acumulação dos efeitos do recalque secundário. Do lado masculino, a presença real do pênis no próprio corpo parece exigir um tempo suplementar para realizar o termo diferencial como negativo no corpo do outro sexo e para conseguir isso, superar a angústia ligada à possível perda do pênis. Também a inscrição propriamente

8. Cf. Cap. 3, p. 58.

erógena só pode ser feita após um rodeio mais ou menos longo, escapando ordinariamente à acumulação dos efeitos do recalque secundário. O gozo genital, no homem e na mulher, parece guardar dessa determinação erógena mais ou menos antiga, suas características profundamente diferentes que Tirésias por experiência, diz a lenda, teria podido testemunhar em termos aritméticos: "... Um dia Zeus e Hera discutiam para saber quem, o homem ou a mulher, sentiria maior prazer no amor quando lhes ocorreu a idéia de consultar Tirésias, único que fizera a dupla experiência. Tirésias, sem vacilar assegurou que se o gozo do amor se compusesse de dez partes, a mulher ficaria com nove e o homem com uma só".

É necessário notar que o ponto de vista estrutural evita habitualmente toda questão relativa à gênese. Seria quiçá necessário reconhecer que esse termo em seu uso comum, não conviria completamente para descrever o que é o inconsciente na singularidade dos casos com os quais o analista se confronta mas podemos mesmo assim descrever uma estrutura do inconsciente. É o que tentamos fazer a nosso modo. Percebemos porém que, a partir do instante em que se aborda o problema do recalque originário, nós nos vemos no limite de dois modos de enfoque possíveis. De uma parte, é possível considerar que — uma vez que a ordem inconsciente existe — a questão do porquê e do como dessa clivagem originária não deve ser colocada já que a estrutura descrita existe e é justamente articulada para explicá-la. De outra parte, porém, o psicanalista não poderia aceitar tal enfoque estrutural como suficiente na medida em que o que lhe é imposto em primeiro lugar é a renovação dessa estrutura em cada aventura singular. Basta, evidentemente, declarar que um enfoque estrutural corretamente concebido compreende intrinsecamente o estudo desse tempo de geração de *um* inconsciente — análogo em sua estrutura e diferente por suas determinações — para poder conservar esse termo "estrutural" e utilizá-lo sem reservas no que se refere ao inconsciente e ao conjunto do psiquismo. É preciso, nesse caso, tirar as conseqüências e incluir nesse ponto de vista o estudo do tempo de renovação e de geração. É o que acabamos de fazer ao termos interrogado o recalque originário e a possibilidade de que, em certos casos singulares — os destinos psicóticos — a renovação da estrutura não se realize, gerando então outra estrutura, a loucura ou estrutura psicótica com suas múltiplas variedades.

Vê-se assim que o estudo do recalque originário e portanto, a função do fálus, nos dá acesso ao mais essencial da estrutura (psíquica). Só aceitando esta implicação do termo de estrutura é que se abre verdadeiramente a possibilidade de elaboração de uma teoria da psicanálise, em outras palavras, de uma verdadeira prática.

Se a ordem inconsciente assegura, promove ou sustenta, na barragem da letra ou recalque originário, a repetição possível do gozo ao instaurar pelo desvio das formações secundárias a ordem do desejo, realidade e prazer precisamos reconhecer que ela garante também a renovação dos elementos que a constituem como *um* inconsciente. Ora, o mecanismo dessa renovação — ou geração — deve ser distinguido daquele da *repetição*, cujo meio de eleição é a letra como tal. Vimos que o tempo essencial através do qual se realiza a geração de um novo inconsciente é o do recalque originário. A descrição que dele havíamos dado fez despontar a conjunção necessária de três tipos de intervalo: a separação de dois corpos; o intervalo entre dois pontos de uma zona sensível de um corpo e, enfim, a diferença erógena do outro corpo. Dá-se aí um encontro, cujo caráter particular — de algum modo único — está ligado a essa conjunção de três tipos de intervalo: conjunção no sentido em que, na astronomia, se fala da conjunção de três termos para que se produza o fenômeno do eclipse. Prosseguindo no registro dessa comparação espacial e óptica, podemos considerar os três tipos de intervalo em jogo como outras tantas deiscências mais ou menos circulares, circunscritas cada uma por uma superfície opaca. A conjunção dessas três aberturas em um mesmo eixo, produz o que se pode chamar de o contrário de um eclipse, na medida em que aquilo que é eclipsado, escondido, escamoteado, é justamente o esconderijo ou a ocultação habitual que sutura mais ou menos todo intervalo. Não se trata como se vê, de um mecanismo de repetição — embora ele não esteja necessariamente excluído a propósito de semelhante encontro — e sim, de uma *conjunção* em que a diferença desvendada sem mediação pela coincidência de três intervalos, aparece sem seu vazio e parece como tal, deixar marca indelével em um lugar de menor segurança, isto é, no intervalo de dois pontos sensíveis. Esse mecanismo — ao qual daremos o nome de *conjunção das diferenças* — distingue-se de um lado por sua singularidade (não há repetição necessária) e de outro, por um modo de desdobramento ou, melhor, de duplo desdobramento dos planos (três planos), através da disposição e da opacidade dos quais — para continuarmos no quadro de nossa metáfora espacial e escópica — se produz a conjunção de suas deiscências. O intervalo que se "fixa" nesse ponto de prazer esquisito — a covinha, do nosso exemplo — desempenha para o corpo assim marcado a função de *abertura* de uma zona erógena ao mesmo tempo em que testemunha de um lado a clivagem da alteridade e, de outro, a erogeneidade do outro corpo.

É possível reconhecer aqui a outra vertente da função fálica de geração na medida em que essa "criação" de uma zona erógena é o próprio modelo da abertura de uma nova cadeia que vai desenvolver em sua formalidade singular, *um* inconsciente, construído no entanto, como todos os inconscientes.

Acrescentaremos somente que este caráter de desdobramento ou de duplo desdobramento, que descrevemos como constitutivo dessa operação de conjunção, forma, sem dúvida, o modelo estrutural de todos os fenômenos de duplicação e desdobramento que o leque da psicopatologia mais comum propõe a todas as observações. Correlativamente, é necessário destacar que ele precisa ser invocado — e desta vez em conjunto com os mecanismos de repetição — para situar corretamente os fenômenos normais e patológicos de identificação, isto é, o processo de assunção da singularidade na ordem da letra.

Reencontraríamos em semelhante estudo o jogo variado da repetição dos traços literais. Mas, nada poderia explicar a permanência reconhecível de suas redes em um destino singular, a não ser esse tempo de *conjunção das diferenças no qual o processo de fixação encontra sua mais rigorosa e mais extensiva definição.*

Em todo caso, o fato crucial do recalque originário (portanto, o recalque propriamente dito) não poderia ser concebido sem que seja esclarecido o fato da "fixação" que o constitui na aventura singular de cada inconsciente conforme indicação de Freud e como acabamos de fazê-lo.

8. PSICANALISAR. NOTA SOBRE A TRANSFERÊNCIA E A CASTRAÇÃO

"Ah!, dizem de bom grado meus interlocutores mundanos, que apaixonante profissão a vossa! Confessar as pessoas, compreendê-las, ajudá-las mas, dizei-me, como fazeis?" — "Pois bem, não estou de modo algum ali, — quero dizer, em minha poltrona — nem para recolher confidências nem para ajudar, menos ainda para compreender... o que não diminui em nada o interesse do trabalho, pelo contrário".

Como fazer entender que o psicanalista, se escuta, está ali sobretudo para não ouvir, para não se deixar prender por nenhuma intenção significativa

141

do discurso que é dito? Há mesmo algo escandaloso na afirmação — às vezes demasiado complacente — da indiferença do terapeuta face à preocupação de curar, de ajudar, de fazer o bem. Talvez só os familiarizados com psicanálise não se surpreendam mais com inconcebível situação. O convite para falar que é feito ao paciente não se abre sobre algum acontecimento maiêutico ou alívio catártico... assemelha-se mais, em realidade, ao "diga 33, 33" do médico cujo ouvido está atento apenas à ressonância toráxica da voz. Da mesma maneira que o médico pede ao paciente que diga: "Moro na avenida Ledru Rollin n.º 33" para observar o embaraço de sua língua, o psicanalista incita à palavra para surpreender a ordem ou a liberdade que preside o desdobre de seu "não-senso":

> *On démolit*
> *le Cherche-Midi*
> *à quatorze heures*
> *tout sera dit* [1].

Que vamos procurar? Já o dissemos. Na essência mesma da palavra que é a articulação literal *inquirimos como aquele que fala se debate com o gozo*.

Da mesma maneira que na vida psíquica dois conjuntos não simétricos — de um lado, um nó inconsciente, combinação determinada de algumas letras, e, de outro, o conjunto teórico de todas as outras letras (ou letras das outras) — representam perpetuamente o problema de sua articulação, assim, no consultório do analista, encena-se um jogo entre o divã e a poltrona. Nem por isso se creia que a representação seja monótona, pois a simplicidade do plano não prejulga em nada as peripécias da intriga nem a distribuição dos papéis. Voltaremos a isso em um instante. O jogo do zero e de sua representação — ou a relação do sujeito à falta que ele acentua no conjunto do qual faz "parte" — evocam esta "cena primitiva" em que Freud nos ensinou a situar o espaço do impossível saber sobre "a origem" de "cada um". A pergunta que se coloca do "Quem sou eu" tem alguma oportunidade enfim, de

---

1. R. Queneau, *Courir les rues*, Gallimard, 1967, p. 48.
2. J. Lacan: «O sujeito não é sujeito senão por ser sujeição sincrônica no campo do Outro» (20 de maio de 1964); «O significante traumático irredutível, a que o sujeito está sujeito» (17 de junho de 1964). Seminário de l'École Pratique des Hautes Études à l'École Normale Supérieure, inédito.

escapar a toda resposta (que aliás só pode, embora defendendo-se dela, fixar o "sujeito" em um estatuto objetivo de produto da copulação).

Ao término da análise, o paciente não saberá melhor quem ele é. Saberá somente a que está sujeito [2] e a que "cifra" responde, como vimos em nossos exemplos. Não há outro artifício na psicanálise que proporcionar ao paciente a suspensão necessária de nossa "compreensão", onde o dizer poderá evoluir: por algum tempo a tagarelice ou o "diálogo" que encanta a boa alma vai chocar-se contra a falta de preconceitos (de compreensão) e cair em um discurso aberto ao vazio. Chegou o momento de reunir de modo mais sistemático o cenário, os papéis e o vestiário do drama que pretende, em nosso tempo, representar-se quotidiana e simultaneamente em tantos divãs ao mesmo tempo.

Algum UM [3], diante de um outro, fala. Interroga o que ele é. Pergunta a si mesmo, de maneira singularíssima, como ele — que com uma felicidade (ou infelicidade) muito desigual, sente ser UM mais ou menos distinguido — se situa no entrelaçamento dos outros "cada um", mortos ou vivos, e, em suma, que vazio faria aparecer seu desaparecimento ou, ainda, que lugar ocupa sua "presença".

De qualquer ângulo que se considere esta posição inicial (e pretendo incluir tanto as descrições mais ingênuas quanto as mais sábias), evidencia-se que *a situação psicanalítica questiona esta natureza do um relativamente à falta (zero) que, no conjunto dos outros uns de que ele faz parte, figura o lugar vazio que ele deixa sendo um UM*.

Encontramos novamente esse conjunto de letras que havíamos evocado no fim do capítulo VI, como alfabeto, corpo ou livro, onde se inscrevem e estão inscritos os traços que pelo fato do sexo limitam o gozo. Mas, o que se observa melhor aqui é que este conjunto não se sustenta senão por um um faltante; o termo ausente faz aparecer o zero, ao mesmo tempo que o um (de cada um) se afirma em sua exclusão ou sua singularidade como parte essencial do conjunto de que está separado.

3. Em francês *quelqu'Un* (N. dos T.).

A disposição analítica interroga esta articulação do um separado da falta, ou zero, que ele marca no conjunto teórico dos outros uns. De modo mais figurado, digamos que é posta novamente em cena no consultório do analista, a articulação do um cada-um com a conjunção sexual da qual se originou como parte de dois outros corpos.

A transferência é o efeito que se instaura e se desenvolve pelo fato da disposição própria do tratamento psicanalítico. Em uma fórmula oriunda do ensino de J. Lacan, que muitos analistas presentemente adotaram, a transferência está situada como o efeito de uma não-resposta ao pedido constituído pelo discurso do paciente.

Algumas observações são aqui necessárias para descrever com mais rigor aquilo que é próprio desta disposição. Elas nos ajudarão a retomar e a precisar a questão do sujeito.

Em sua expressão mais simples, podemos dizer que o que deve ser analisado na vida psíquica é a relação do sujeito com o conjunto teórico das letras. Mas, para que esta fórmula tome todo seu relevo, é preciso lembrar, por um lado, que o termo de letra é utilizado enquanto função tética de um sistema que compreende correlativamente uma função estável e uma função oscilante; por outro lado, o termo de sujeito deve ser determinado em suas relações com o que chamamos de função subjetiva de comutação alternante, tal como ela se apresenta em cada um dos elementos inconscientes. Assim, em uma fórmula como "Poordjeli" que a análise de Philippe faz aparecer, cada termo é constituído por uma função subjetiva, da mesma maneira que, correlativamente, perdura como objeto e é posto como letra. Ora, da mesma maneira que a cifra de um inconsciente se constitui pela articulação de letras ou o objeto do desejo é produzido pela soma dos correlatos objetais, o que se chama *sujeito* (sujeito do inconsciente, bem entendido) *designa a equivalência da reaparição da função de comutação alternante em cada um dos elementos da "fórmula" ou da "cifra"*. Se representarmos agora a função subjetiva como a alternância repetida de uma abertura e de uma obturação, — distinta nisto das outras funções do sistema — percebemos que *o sujeito pode ser dito exatamente o mesmo* em cada um dos elementos de uma cadeia. Com efeito, ao contrário do termo objetal, cuja "massa específica" ou forma diferem necessariamente de um termo ao outro da fórmula... ao contrário do elemento tético, letra ou traço diferente (e diferencial) em sua essência ("poor" é diferente de "li" ou de "d'j"), o sujeito — como pura função de comutação alternante que deve apenas fazer aparecer e desaparecer — é perfeitamente semelhante a si mesmo em cada um dos termos da fórmula e permanece o mesmo em cada um dos elementos do conjunto teórico. *O termo sujeito*, no sentido inconsciente, *designa esta série de semelhanças em cada um dos elementos* e ao mesmo tempo indica que esta "mesmidade" consiste em uma simples alternância sem nenhuma outra determinação.

Adivinha-se — sem que possamos desenvolver esse argumento — que esse pólo do *Mesmo*, pelo fio de semelhança que ele constitui no conjunto teórico das letras, fundamenta a função de permanência, de unidade mesmo que sempre se atribui à formação secundária que resulta, no "ego" (moi) ou sujeito da consciência, segundo o estilo de formalização do aparelho psíquico.

Em um indivíduo — Philippe, por exemplo — o sujeito do inconsciente pode determinar-se, de *um* modo geral como "permanência" ou semelhança em cadeia da função de comutação alternante de cada elemento inconsciente e, de um modo particular, pela sujeição desta alternância, na medida em que ela tende a fazer aparecer, por fases, mas com a constância que lhe é própria, a *mesma* fórmula, "Poordjeli", a *mesma* sigla (cifra) "P.J.L." (se preferimos cifrar assim a fórmula) ou a *mesma* fantasia, como "Philippe, tenho sede".

Podemos agora precisar que — quando se fala de relação do sujeito do inconsciente com o conjunto teórico das letras ou, mais simplesmente, com o mundo e com os outros — o que está em causa é a sujeição a *uma* fórmula. Vimos que esta fórmula enquanto "fixação" se ordena fundamentalmente em torno de uma determinação especificamente definida em seu processo. Lembremo-nos de que a descrevemos como efeito da conjunção de três ordens de intervalos ou de faltas, como uma espécie de eclipse onde as ocultações das três deiscências seriam escamoteadas em favor de uma conjunção em um mesmo eixo. Em torno de uma espécie de *realização imediata do zero* (que se poderia desenvolver como mítica experiência erógena primária) se ordena a fórmula à qual a semelhança da comutação alternante se sujeitará como permanência, para fazê-la aparecer e desaparecer.[4] Concretamente, pois, pela mediação de uma fórmula fixada (cifra, objeto ou fantasia, segundo o nível de "derivação secundária") se efetua a articulação do sujeito inconsciente com a *falta* e com o um faltante essencial no conjunto das letras.

A partir deste modelo de "definição" do sujeito, de suas relações com o "mundo dos outros" (conjunto teórico das letras), podemos descrever o campo que se desenvolve quando dois "cada um" se põem a falar um com o outro. Isto nos permitirá especificar ao mesmo tempo, de uma maneira mais simples, o campo próprio da situação psicanalítica.

Imaginemos, pois — pelo prazer da fantasia e comodidade da exposição — o encontro de Freud e de Philippe. No diálogo que se estabelece sobre o assunto dos passeios na montanha cujo gosto e prática compartilham, e após haver evocado alguns locais privilegiados, chegam a pôr em jogo ou em conversa, temas oriundos de suas próprias fantasias. Freud, por exemplo, se lança com metódico entusiasmo, a descrever o prazer de herborizar... Philippe responde a esse discurso, evocando a paciência necessária para satisfação daquele que espreita a caça. Assim prossegue o diálogo.

Se cifrarmos como C.F. (colher flores) e E. C. (espreitar a caça) os compromissos fantasiosos de cada um dos interlocutores, podemos representar o jogo da conversa como o desenvolvimento de uma fuga com dois temas e examinar nessa medida ou seqüência a articulação contrapontística de C. F. e E. C., até sua harmoniosa trama no *"stretto"* final onde se conjugam, em torno de um regato, o prado (em declive) e a clareira na porfia de flores coloridas e de animais alterados. À sujeição de um, que sua fórmula manifesta, o

---

4. É preciso notar aqui que J. Lacan pôde caracterizar o desejo do analista como desejo de obter a diferença absoluta (24 de junho de 1964), Séminaire de l'École pratique des Hautes Études à l'École Normale Supérieure, inédito.

outro responde, em ressonância harmônica ou encadeamento contrapontístico, com a produção e o desenvolvimento do tema fantasioso a cuja fórmula está sujeito. Nesta conversa, podemos considerar que cada um testemunha ou afirma ao outro a sua maneira singular de ser em relação com a falta, porquanto falando de seus prazeres, cada um manifesta seus modos de fixação, isto é, suas relações singulares com uma realização do zero. Na verdade, essa relação com o zero, em seu primeiro estado (ou sua letra primária), permanece oculta, para maior segurança (assim P.J.L. para Philippe), e não é senão uma letra segunda, E. C., que, como armação do compromisso fantasioso, se oferece como representante da fixação primária.

Em uma conversa assim descrita, cada um faz do outro parte integrante na fórmula de sua sujeição despertando-lhe o interesse pela sua fantasia, pelo seu desejo. Podemos dizer também que, através do prazer de falar, cada um se conforta em sua sujeição e reforça o outro na sua.

Mas, se imaginarmos agora que Freud toma lugar em sua poltrona e Philippe no divã da Berggasse, é um campo totalmente diferente que vai se ordenar porquanto o analista vai calar e fazer calar qualquer manifestação de sua sujeição. Somente que nada poderá impedir — e a isso voltaremos — que a posição do analista marque por si mesma uma certa relação de fidelidade ao modelo teórico que sustenta sua função.

No espaço aberto pelo interlocutor que se cala, o dizer do paciente tropeça e bascula no interior do discurso aberto ao vazio que evocávamos há pouco.

A transferência é o que se desenvolve no campo deste espaço novo. A transferência expressa aquilo que permite à clareira [5] do sonho não responder (implícita ou explicitamente) ao retângulo do prado em declive esmaltado de flores, mas conduzir, ao contrário, ao quadrângulo da praça, à fonte do Unicórnio, ao espaço da praia onde se imprimem e se apagam os rastros. Nesse consultório da Berggasse, onde imaginamos acontecer

---

5. Não se pode deixar de assinalar de passagem — o que havíamos negligenciado na análise do sonho — a figuração-reprodução de meu nome no tema *la clairière* (clareira).

este encontro psicanalítico, o espaço da transferência abre-se na medida em que se apaga o amarelo dos "dentes de leão" para que se ilumine o azul das urzes e possa haver coloração das pervincas às gencianas, modulações em violeta sobre os troncos majestosos.

No desdobre da transferência, oferece-se então ao analista o jogo variado da sujeição do paciente em torno de um só tema. Ao mesmo tempo desvenda-se o "parentesco" da fórmula com aquelas que estiveram à frente da conjunção dos genitores, na mais perfeita inconsciência. Por várias razões podemos dizer que a abertura do espaço da transferência conduz o paciente à "cena primitiva" onde se representam de novo, calcados no modelo fantasioso da origem ou no modo teórico da geração do sujeito (do inconsciente), a instauração e o confronto do limite que diz e interdiz o gozo.

Resta o problema, colocado desde o primeiro capítulo, da sujeição do psicanalista ao modelo teórico que determina sua posição e sua função. Vemos à luz do que acabamos de desenvolver, que convém que este suplemento de sujeição seja reduzido ao extremo. Quer isto dizer que o modelo teórico só pode consistir numa fórmula onde apareça como dominante a função radical do zero e onde se manifeste, reduzida à sua "mesmidade", a função alternante do sujeito. É o que tenta sustentar a presente elaboração.

Um termo mantém uma relação privilegiada com este espaço da falta que a transferência libera: é o fálus. É o que eu já havia formulado com outras palavras [6] quando adiantava que o fálus podia ser chamado "letra original" ou "letra da letra". Salientava com isso, implicitamente, a função essencial do *fálus* de ser significante da falta da letra, *nome próprio do zero* em torno do qual alterna a oscilação do sujeito. É, eu o relembro, esta natureza dupla do objeto-parte do corpo e traço diferencial imediato, que assegura ao fálus o privilégio de ser universalmente o índice da falta da letra [7]. Como vimos, é por sua natureza dupla que ele

6. Cap. 7, p. 135.

7. Reencontramos através deste ângulo a fórmula de J. Lacan, onde o fálus é caracterizado como «significante da falta de significante» (Séminaire Sainte-Anne, 12 de abril de 1961, inédito). Ver a esse respeito J. Lacan, «La signification du phallus», em *Écrits*, Seuil, 1966, p. 692, e «Subversion du sujet et dialectique du désir», *Ibid.*, p. 822.

assegura paradoxalmente a distinção entre as duas funções estável e tética e isso graças à impossível e patente confusão que ele produz do traço e do objeto.

Como objeto-parte do corpo, o pênis é, já desde a infância — escreve Freud [8] — a zona erógena diretora e constitui o lugar de um investimento narcísico privilegiado. O pênis falta realmente na mulher e a possibilidade imaginada de sua perda para o homem introduz, em psicanálise, a palavra *"castração"*.

Fundamentalmente implicada no mito edipiano, a questão da "realidade da castração" não cessou de se apresentar a Freud como insistente e irredutível [9]. Ele nunca conseguiu nem em sua prática nem em sua teoria, dominar verdadeiramente seu conceito. Nos extremos de sua elaboração, é sempre a invocação da "fantasia da castração" em seu caráter "originário", que fundamenta o "complexo de castração", "invariavelmente presente em qualquer análise", [10] sem que seja de outro modo precisada a significação do termo castração em si mesmo.

Entretanto, o termo constitui uma imagem e é preciso mesmo constatar que sua fortuna nutre abundantemente a retórica dos psicanalistas de salão. Quem já se não disse após ter desastradamente esmagado um artelho ou ferido um dedo, talvez mesmo por haver esquecido suas luvas ou perdido seu guarda-chuva, que com isso seguramente procurava castrar-se ou, ainda, ao inverso, que deveria temer a castração por não conseguir separar-se de seus velhos calçados?

De certo modo, é exato que todo fato de corte, de separação, de perda — mais extensivamente, todo atentado a um sentimento de integridade corporal ou física — podem evocar a castração. Tanto isso é verdade que o termo evoca em cada um profundos ecos. Aliás, a extensão da noção de castração foi tal nas primeiras décadas do movimento psicanalítico, que

8. S. Freud, «Sur les théories sexuelles infantiles», em *La Vie sexuelle*, P.U.F., 1969, p. 19; *G.W.*, VII, 178.

9. S. Freud, «Analyse terminée et analyse interminable», *Revue française de Psychanalyse*, 1939, t. XI, nº I, p. 37; *G.W.*, XVI, 97-98.

10. S. Freud, «Analyse terminée et analyse interminable», *Revue française de Psychanalyse*, 1939, t. XI, nº I, p. 37; *G.W.*, XVI, 97-98.

Freud julgou necessário, em 1923, definir sua estrita acepção, precisando que a seu ver "convinha restringir o termo de complexo de castração às excitações e efeitos em relação à perda do pênis" [11].

Em que consiste, pois, esta "perda do pênis" conotada pelo termo de *castração*, invocado nas expressões "complexo de castração", "fantasia de castração", "temor de castração"? Não se poderia evidentemente confundir com a acepção cirúrgica ou veterinária do termo. A castração é um conceito especificamente psicanalítico. Como tal, pode apenas ser concebido em função da ordem propriamente psicanalítica que é inconsciente. É assim que convém entender essa surpreendente expressão de "conceito inconsciente" que se impõe a Freud [12] para qualificar essa "pequenina coisa (*das Kleine*) que pode ser destacada do corpo", que a observação psicanalítica mostra com evidência.

A via que se nos oferece muito naturalmente para delimitar o termo de castração é interrogar esta "perda do pênis" ou este "conceito de uma pequenina coisa que pode ser destacada do corpo" em função da concepção do fálus que largamente desenvolvemos. Vemos, então, que a relação essencial com a ausência (perda ou falta) do objeto exige necessariamente, para ser pensada, a referência ao fálus, concebido como termo em torno do qual gira toda articulação possível com a anulação do gozo.

De modo geral, pode-se então dizer, que *devem ser conceitualizadas em psicanálise como castração, as relações que o fálus, letra da relação com a falta, entretém com o conjunto das outras letras*. De modo particular, a análise do complexo de castração designa a colocação em evidência da articulação da fórmula singular do sujeito com o privilégio do termo fálico. Esta articulação da castração é crucial para situar de verdade a tarefa do psicanalista.

Para bem evidenciar essa relação da fórmula singular do sujeito com o termo fálico, recordemos uma vez mais o acento que púnhamos sobre a dupla função

11. S. Freud, «Analyse d'une phobie chez un garçon de cinq ans», em *Cinq Psychanalyses*, P.U.F., 1954, p. 96, nota I; *G.W.*, VII, 246, nota.

12. S. Freud, «Extrait de l'histoire d'une névrose infantile», *Ibid.*, p. 389; *G.W.*, XII, 116.

do fálus, de objeto e de letra. Podíamos dizer que, na série literal, o fálus, como termo diferencial imediato, assegura a função única de ser a letra da letra. Acabamos de ver, além disso e pelas mesmas razões, que ele se define, mais rigorosamente, como *letra da falta da letra*.

Ora, quanto à castração, considerada em sua acepção de "pequenina coisa separável do corpo", convém referir-se à vertente objetal do núcleo inconsciente. Vemos, então, que o objeto peniano, como parte do corpo, ocupa também uma posição privilegiada na série "objetal" porquanto ele é efetivamente um ausente na mulher. Podemos, pois, dizer que, único [13] na série dos objetos, apresenta-se, seja como presente a título de suplemento, seja como realmente ausente (ou faltante), evidenciando assim de modo imediato o que é realmente a qualidade própria do objeto: ser o substituto estável da falta, ausência ou falha, a coisa (*res*, nada) do zero.

Por essa razão, o fálus, já considerado como "letra da letra", é também definível como "objeto-tipo" ou ainda, como a garantia de toda objetalidade possível, porquanto ele é manifesta e essencialmente o esconderijo de sua ausência.

A castração — "perda do pênis" bem como "conceito inconsciente de uma pequenina coisa que pode ser destacada do corpo" — pode se entender apenas em função desse estatuto do fálus e de sua função crucial. Mas, se o fálus como letra (ou objeto) salienta a juntura, constitui o traço de união que representa comumente o fato da articulação, o ponto de vista da castração coloca o acento, como acabamos de ver, sobre o espaço, intervalo ou a falta (separação, perda) que faz aparecer a articulação privilegiada entre o termo fálico e o conjunto dos outros termos.

A castração assim concebida se relaciona, portanto, com o fato essencial *da articulação* visto que toda articulação põe necessariamente em jogo a relação com o espaço da falta. A articulação A-B, por exemplo, juntura ou separação, não pode ser concebida senão em função do intervalo representado pelo traço entre

---

13. Único, porquanto o seio que poderia igualmente fazer as vezes de termo diferencial, não poderia ser considerado como «faltante» no homem da mesma maneira que ocorre com o pênis na mulher.

as duas letras, espaço absolutamente reservado à falta de todo termo. De modo mais figurado, digamos que a castração é a cavilha ausente que junta os termos para constituir uma seqüência ou um conjunto; ou ao contrário, digamos que ela é o hiato, a clivagem que marca a separação dos elementos entre si. Da mesma maneira que o fálus pode ser dito simultaneamente letra da letra e objeto-tipo, assim *a castração* pode ser definida como *o modelo de toda articulação possível* porquanto constitui o acesso imediato à falha, e, ao mesmo tempo, à sua transposição. Isto porque a relação do fálus com o conjunto das letras — o que vem a ser a castração — faz imediatamente aparecer *aquilo em que consiste uma articulação: uma relação com o zero, um recurso que permite uma relação com a falta.*

Compreende-se que por essa razão, a castração — mesmo se permanece mal pensada ou insuficientemente conceitualizada — entra em cena em todo processo psicanalítico, na medida em que o tratamento visa evidenciar, analisar *a articulação* singular de cada "um" com o espaço do zero que ele desvenda no conjunto dos outros "uns".

Se a castração é justamente, como sustentamos, esse modelo da articulação e, praticamente, a colocação em jogo dessa relação com a falta, compreende-se também a eflorescência universal da fantasia de castração em que são, precisamente, postas em cena as emoções em relação com a representação da perda do pênis. Pode-se dizer, dentro dessa perspectiva, por um lado, que a elaboração fantasiosa oculta, esta relação com o absoluto do zero pelo desdobramento imaginário do jogo dramático; mas, por outro lado, introduz em seu cenário o restabelecimento desta falta pela representação de uma castração, corte renovado e simbólico da zona erógena privilegiada.

Se for lembrado, enfim, o que dizíamos sobre o fato do gozo como imediatidade do acesso à "pura diferença", ou zero, concebe-se que o enfoque de uma certa clarividência em relação à castração — que nada mais é que a tematização desta relação com o zero — possa caracterizar o processo de uma psicanálise, esse questionamento do sujeito do inconsciente em face do gozo.

Houve um tempo em que a psicanálise cheirava a enxofre e fazia felizmente parte das atividades malditas: sabia-se então o que ela era: — uma interrogação sobre o gozo.

A ordem da letra, o inconsciente, que a análise questiona, assegura esse exílio do gozo ao mesmo tempo em que promove o tempo da volta. O lugar do gozo é a região do sagrado, o santuário interdito, que se deve entender literalmente como esse espaço barrado com um traço, consagrado, inviolável. O que é bendito, *benedictus*, bem dito, é a afirmação redobrada e magnificada do dito que põe barreira à anulação que é o gozo. O maldito, *maledictus*, mal dito, não é precisamente esta interrogação — diabólica — a respeito da própria função do dito? Isso porque, no movimento que ela promove em direção do gozo, esta interrogação — a psicanálise — coloca o dito em má situação.

COLEÇÃO DEBATES

1. *A Personagem de Ficção*, Antonio Candido e outros.
2. *Informação, Linguagem, Comunicação*, Décio Pignatari.
3. *Balanço da Bossa e Outras Bossas*, Augusto de Campos.
4. *Obra Aberta*, Umberto Eco.
5. *Sexo e Temperamento*, Margaret Mead.
6. *Fim do Povo Judeu?*, Georges Friedmann.
7. *Texto/Contexto*, Anatol Rosenfeld.
8. *O Sentido e a Máscara*, Gerd A. Borheim.
9. *Problemas da Física Moderna*, W. Heisenberg, E. Schödinger, M. Born e P. Auger.
10. *Distúrbios Emocionais e Anti-Semitismo*, N. W. Ackermann e M. Jahoda.
11. *Barroco Mineiro*, Lourival Gomes Machado.
12. *Kafka: Pró e Contra*, Günther Anders.
13. *Nova História e Novo Mundo*, Frédéric Mauro.
14. *As Estruturas Narrativas*, Tzvetan Todorov.
15. *Sociologia do Esporte*, Georges Magnane.

16. *A Arte no Horizonte do Provável*, Haroldo de Campos.
17. *O Dorso do Tigre*, Benedito Nunes.
18. *Quadro da Arquitetura no Brasil*, Nestor G. Reis Filho.
19. *Apocalípticos e Integrados*, Umberto Eco.
20. *Babel & Antibabel*, Paulo Rónai.
21. *Planejamento no Brasil*, Betty Mindlin Lafer.
22. *Lingüística. Poética. Cinema*, Roman Jakobson.
23. *LSD*, John Cashman.
24. *Crítica e Verdade*, Roland Barthes.
25. *Raça e Ciência I*, Juan Comas e outros.
26. *Shazam!*, Álvaro de Moya.
27. *Artes Plásticas na Semana de 22*, Aracy Amaral.
28. *História e Ideologia*, Francisco Iglésias.
29. *Peru: da Oligarquia Econômica à Militar*, A. Pedroso d'Horta.
30. *Pequena Estética*, Max Bense.
31. *O Socialismo Utópico*, Martin Buber.
32. *A Tragédia Grega*, Albin Lesky.
33. *Filosofia em Nova Chave*, Susanne K. Langer.
34. *Tradição, Ciência do Povo*, Luís da Câmara Cascudo.
35. *O Lúdico e as Projeções do Mundo Barroco*, Affonso Ávila.
36. *Sartre*, Gerd A. Borheim.
37. *Planejamento Urbano*, Le Corbusier.
38. *A Religião e o Surgimento do Capitalismo*, R. H. Tawney.
39. *A Poética de Maiakóvski*, Boris Schnaiderman.
40. *O Visível e o Invisível*, M. Merleau-Ponty.
41. *A Multidão Solitária*, David Reisman.
42. *Maiakóvski e o Teatro de Vanguarda*, A. M. Ripellino.
43. *A Grande Esperança do Século XX*, J. Fourastié.
44. *Contracomunicação*, Décio Pignatari.
45. *Unissexo*, Charles F. Winick.
46. *A Arte de Agora, Agora*, Herbert Read.
47. *Bauhaus: Novarquitetura*, Walter Gropius.
48. *Signos em Rotação*, Octavio Paz.
49. *A Escritura e a Diferença*, Jacques Derrida.
50. *Linguagem e Mito*, Ernst Cassirer.
51. *As Formas do Falso*, Walnice N. Galvão.
52. *Mito e Realidade*, Mircea Eliade.
53. *O Trabalho em Migalhas*, Georges Friedmann.
54. *A Significação no Cinema*, Christian Metz.
55. *A Música Hoje*, Pierre Boulez.
56. *Raça e Ciência II*, L. C. Dunn e outros.
57. *Figuras*, Gérard Genette.
58. *Rumos de uma Cultura Tecnológica*, Abraham Moles.
59. *A Linguagem do Espaço e do Tempo*, Hugh M. Lacey.
60. *Formalismo e Futurismo*, Krystyna Pomorska.
61. *O Crisântemo e a Espada*, Ruth Benedict.
62. *Estética e História*, Bernard Berenson.
63. *Morada Paulista*, Luís Saia.
64. *Entre o Passado e o Futuro*, Hannah Arendt.
65. *Política Científica*, Heitor G. de Souza, Darcy F. de Almeida e Carlos Costa Ribeiro.
66. *A Noite da Madrinha*, Sérgio Miceli.

67. *1822: Dimensões*, Carlos Guilherme Mota e outros.
68. *O Kitsch*, Abraham Moles.
69. *Estética e Filosofia*, Mikel Dufrenne.
70. *O Sistema dos Objetos*, Jean Baudrillard.
71. *A Arte na Era da Máquina*, Maxwell Fry.
72. *Teoria e Realidade*, Mario Bunge.
73. *A Nova Arte*, Gregory Battcock.
74. *O Cartaz*, Abraham Moles.
75. *A Prova de Gödel*, Ernest Nagel e James R. Newman.
76. *Psiquiatria e Antipsiquiatria*, David Cooper.
77. *A Caminho da Cidade*, Eunice Ribeiro Durhan.
78. *O Escorpião Encalacrado*, Davi Arrigucci Júnior.
79. *O Caminho Crítico*, Northrop Frye.
80. *Economia Colonial*, J. R. Amaral Lapa.
81. *Falência da Crítica*, Leyla Perrone Moisés.
82. *Lazer e Cultura Popular*, Joffre Dumazedier.
83. *Os Signos e a Crítica*, Cesare Segre.
84. *Introdução à Semanálise*, Julia Kristeva.
85. *Crises da República*, Hannah Arendt.
86. *Fórmula e Fábula*, Wili Bolle.
87. *Saída, Voz e Lealdade*, Albert Hirschman.
88. *Repensando a Antropologia*, E. R. Leach.
89. *Fenomenologia e Estruturalismo*, Andrea Bonomi.
90. *Limites do Crescimento*, Donella H. Meadows e outros (Clube de Roma).
91. *Manicômios, Prisões e Conventos*, Erving Goffman.
92. *Maneirismo: O Mundo como Labirinto*, Gustav R. Hocke.
93. *Semiótica e Literatura*, Décio Pignatari.
94. *Cozinhas, etc.*, Carlos A. C. Lemos.
95. *As Religiões dos Oprimidos*, Vittorio Lanternari.
96. *Os Três Estabelecimentos Humanos*, Le Corbusier.
97. *As Palavras sob as Palavras*, Jean Starobinski.
98. *Introdução à Literatura Fantástica*, Tzvetan Todorov.
99. *Significado nas Artes Visuais*, Erwin Panofsky.
100. *Vila Rica*, Sylvio de Vasconcellos.
101. *Tributação Indireta nas Economias em Desenvolvimento*, J. F. Due.
102. *Metáfora e Montagem*, Modesto Carone.
103. *Repertório*, Michel Butor.
104. *Valise de Cronópio*, Julio Cortázar.
105. *A Metáfora Crítica*, João Alexandre Barbosa.
106. *Mundo, Homem, Arte em Crise*, Mário Pedrosa.
107. *Ensaios Críticos e Filosóficos*, Ramón Xirau.
108. *Do Brasil à América*, Frédéric Mauro.
109. *O Jazz, do Rag ao Rock*, Joachim E. Berendt.
110. *Etc..., Etc... (Um Livro 100% Brasileiro)*, Blaise Cendrars.
111. *Território da Arquitetura*, Vittorio Gregotti.
112. *A Crise Mundial da Educação*, Philip H. Coombs.
113. *Teoria e Projeto na Primeira Era da Máquina*, Reyner Banham.
114. *O Substantivo e o Adjetivo*, Jorge Wilhelm.
115. *A Estrutura das Revoluções Científicas*, Thomas S. Kuhn.
116. *A Bela Época do Cinema Brasileiro*, Vicente de Paula Araújo.

117. *Crise Regional e Planejamento*, Amélia Cohn.
118. *O Sistema Político Brasileiro*, Celso Lafer.
119. *Êxtase Religioso*, I. Lewis.
120. *Pureza e Perigo*, Mary Douglas.
121. *História, Corpo do Tempo*, José Honório Rodrigues.
122. *Escrito sobre um Corpo*, Severo Sarduy.
123. *Linguagem e Cinema*, Christian Metz.
124. *O Discurso Engenhoso*, Antonio José Saraiva.
125. *Psicanalisar*, Serge Leclaire.
126. *Magistrados e Feiticeiros na França do Século XVII*, R. Mandrou.
127. *O Teatro e sua Realidade*, Bernard Dort.
128. *A Cabala e seu Simbolismo*, Gershom G. Scholem.
129. *Sintaxe e Semântica na Gramática Transformacional*, A. Bonomi e G. Usberti.
130. *Conjunções e Disjunções*, Octavio Paz.
131. *Escritos sobre a História*, Fernand Braudel.
132. *Escritos*, Jacques Lacan.
133. *De Anita ao Museu*, Paulo Mendes de Almeida.
134. *A Operação do Texto*, Haroldo de Campos.
135. *Arquitetura, Industrialização e Desenvolvimento*, Paulo J. V. Bruna.
136. *Poesia-Experiência*, Mário Faustino.
137. *Os Novos Realistas*, Pierre Restany.
138. *Semiologia do Teatro*, J. Guinsburg e J. Teixeira Coelho Netto.
139. *Arte-Educação no Brasil*, Ana Mae T. B. Barbosa.
140. *Borges: Uma Poética da Leitura*, Emir Rodríguez Monegal.
141. *O Fim de uma Tradição*, Robert W. Shirley.
142. *Sétima Arte: Um Culto Moderno*, Ismail Xavier.
143. *A Estética do Objetivo*, Aldo Tagliaferri.
144. *A Construção do Sentido na Arquitetura*, J. Teixeira Coelho Netto.
145. *A Gramática do Decameron*, Tzvetan Todorov.
146. *Escravidão, Reforma e Imperialismo*, R. Graham.
147. *História do Surrealismo*, M. Nadeau.
148. *Poder e Legitimidade*, José Eduardo Faria.
149. *Práxis do Cinema*, Noel Burch.
150. *As Estruturas e o Tempo*, Cesare Segre.
151. *A Poética do Silêncio*, Modesto Carone.
152. *Planejamento e Bem-Estar Social*, Henrique Rattner.
153. *Teatro Moderno*, Anatol Rosenfeld.
154. *Desenvolvimento e Construção Nacional*, S. H. Eisenstadt.
155. *Uma Literatura nos Trópicos*, Silviano Santiago.
156. *Cobra de Vidro*, Sérgio Buarque de Holanda.
157. *Testando o Leviathan*, Antonia Fernanda Pacca de Almeida Wright.
158. *Do Diálogo e do Dialógico*, Martin Buber.
159. *Ensaios Lingüísticos*, Louis Hjelmslev.
160. *O Realismo Maravilhoso*, Irlemar Chiampi.
161. *Tentativas de Mitologia*, Sérgio Buarque de Holanda.
162. *Semiótica Russa*, Boris Schnaiderman.
163. *Salões, Circos e Cinema de São Paulo*, Vicente de Paula Araújo.
164. *Sociologia Empírica do Lazer*, Joffre Dumazedier.
165. *Física e Filosofia*, Mario Bunge.
166. *O Teatro Ontem e Hoje*, Célia Berrettini.

167. *O Futurismo Italiano*, Org. Aurora Fornoni Bernardini.
168. *Semiótica, Informação e Comunicação*, J. Teixeira Coelho Netto.
169. *Lacan: Operadores da Leitura*, Americo Vallejo e Lígia Cadmartore Magalhães.
170. *Dos Murais de Portinari aos Espaços de Brasília*, Mário Pedrosa.
171. *O Lírico e o Trágico em Leopardi*, Helena Parente Cunha.
172. *A Criança e a FEBEM*, Marlene Guirado.
173. *Arquitetura Italiana em São Paulo*, Anita Salmoni e E. Debenedetti.
174. *Feitura das Artes*, José Neistein.
175. *Oficina: Do Teatro ao Te-Ato*, Armando Sérgio da Silva.
176. *Conversas com Igor Stravinski*, Robert Craft e Igor Stravinski.
177. *Arte como Medida*, Sheila Leirner.
178. *Nzinga*, Roy Glasgow.
179. *O Mito e o Herói no Moderno Teatro Brasileiro*, Anatol Rosenfeld.
180. *A Industrialização do Algodão na Cidade de São Paulo*, Maria Regina de M. Ciparrone Mello.
181. *Poesia com Coisas*, Marta Peixoto.
182. *Hierarquia e Riqueza na Sociedade Burguesa*, Adeline Daumard.
183. *Natureza e Sentido da Improvisação Teatral*, Sandra Chacra.
184. *O Pensamento Psicológico*, Anatol Rosenfeld.
185. *Mouros, Franceses e Judeus*, Luís da Câmara Cascudo.
186. *Tecnologia, Planejamento e Desenvolvimento Autônomo*, Francisco Sagasti.
187. *Mário Zanini e seu Tempo*, Alice Brill.
188. *O Brasil e a Crise Mundial*, Celso Lafer.
189. *Jogos Teatrais*, Ingrid Dormien Koudela.
190. *A Cidade e o Arquiteto*, Leonardo Benevolo.
191. *Visão Filosófica do Mundo*, Max Scheler.
192. *Stanislavski e o Teatro de Arte de Moscou*, J. Guinsburg.
193. *O Teatro Épico*, Anatol Rosenfeld.
194. *O Socialismo Religioso dos Essênios: A Comunidade de Qumran*, W. J. Tyloch.
195. *Poesia e Música*, Org. de Carlos Daghlian.
196. *A Narrativa de Hugo de Carvalho Ramos*, Albertina Vicentini.

Este livro foi impresso na
LIS GRÁFICA E EDITORA LTDA.
Rua Visconde de Parnaíba, 2.753 - Belenzinho
CEP 03045 - São Paulo - SP - Fone: 292-5666
com filmes fornecidos pelo editor.